あなたの常識を論破する経済学

指標が物語るウソと真実

三橋貴明

経済界新書 053

まえがき

経済力とは何なのか？

若年層失業率上昇は発展途上国への道

経済力とは何だろうか。グローバル市場でシェアを獲得し、グローバル企業の「利益」を最大化し、グローバル投資家に配当金を多く支払うことが「経済力」なのだろうか。あるいは、貯め込んだお金の量を増やしていくことか。断じて違う。

経済力とは、経世済民《けいせいさいみん》を実現する「国民」のモノやサービスを生産する力だ。経世済民とは、「世を經《おさ》め、民を濟《すく》う」という意味を持つ四文字熟語である。経世済民とは、わかりやすく書くと、「国民を豊かにする政治」という話であるため、政府の目的そのものになる。とはいえ、国民を豊かにするという目標は、政府の政策に加えて「働く国民」の努力なしでは達成されない。日本国民が働き、モノやサービスを生産し、日本国の需要を「自らの力」で満たしていくことにより、国家全体の供給能力が高まっていく。

国民経済の供給能力（潜在ＧＤＰ）の蓄積こそが、まさに「経済力」なのである。

リーマンショック後、ギリシャの失業率は一時28％台の大台に乗った。しかも、28％という失業率は「全世代」の話であり、15～24歳までの若年層失業率は60％を上回ったのだ。ギリシャの若年層失業率の高まりは、現在の問題でもある。何しろ、失業者はその日の糧を得るための所得を稼げない。所得が稼げないと、いずれ人は飢えて死ぬ。

とはいえ、より重大な問題は、ギリシャの若者たちが仕事の経験を積むことができず、将来的に人材に育つ芽を奪われていることなのである。何しろ、仕事を経験しない人は絶対に人材に成長できない。人材とは、国民が仕事に従事し、さまざまな技術、スキル、ノウハウ等について経験を通して自らの中に蓄積しない限り、創出されないのである。

現在のギリシャの高失業率を放置しておくと、どうなるだろうか。10年後、20年後に、社会の中核を担うべき世代が「働いたことがない」という状況に陥ってしまう。すなわち、その時点のギリシャは、「高層ビルを自国の人材では建てられない」「大きな橋を自国企業では架けられない」状況になっている可能性が高いのだ。自国の企業や人材でビルや橋を建設できない国のことを、何と呼ぶだろうか。ズバリ、発展途上国である。

すなわち、失業という問題を放置しておくことは、発展途上国への転落の道なのだ。

今後の日本では、生産年齢人口比率の低下により、人手不足が深刻化していく。人手不足問題を「日本国民の労働」によって解決することで、わが国に人材が創出され、経済力は高まっていく。逆に、人手不足を「外国人で埋めればいい」などと安易な解決策を模索すると、日本国民が「人材」になる機会を奪われ、将来の国民に「供給能力が不足する国民経済」を残すことになってしまうのだ。

伊勢神宮の建築に学ぶべきこと

もう1つ、重大な論点がある。

2014年の10月に伊勢の神宮で式年遷宮が行われた。式年遷宮とは、20年ごとに東の宮、西の宮を建て直し、神さま（天照大神）をお移しする儀式である。14年10月には、神さまに西の宮にお移りいただいた。というわけで、これから20年かけて東の宮を建て直し、20年後に再び神さまにお引っ越しいただくわけである。

注目してほしいのは、伊勢神宮のお宮の「建築手法」である。驚くなかれ、伊勢のお宮の建築手法は「弥生建築方式」なのだ。「弥生」とは、弥生時代の弥生である。何と、伊勢神宮では聖徳太子以前の建築方式が現役なのである。世界広しといえども、1500年

[図] 建設労働需給調査結果（8業種）

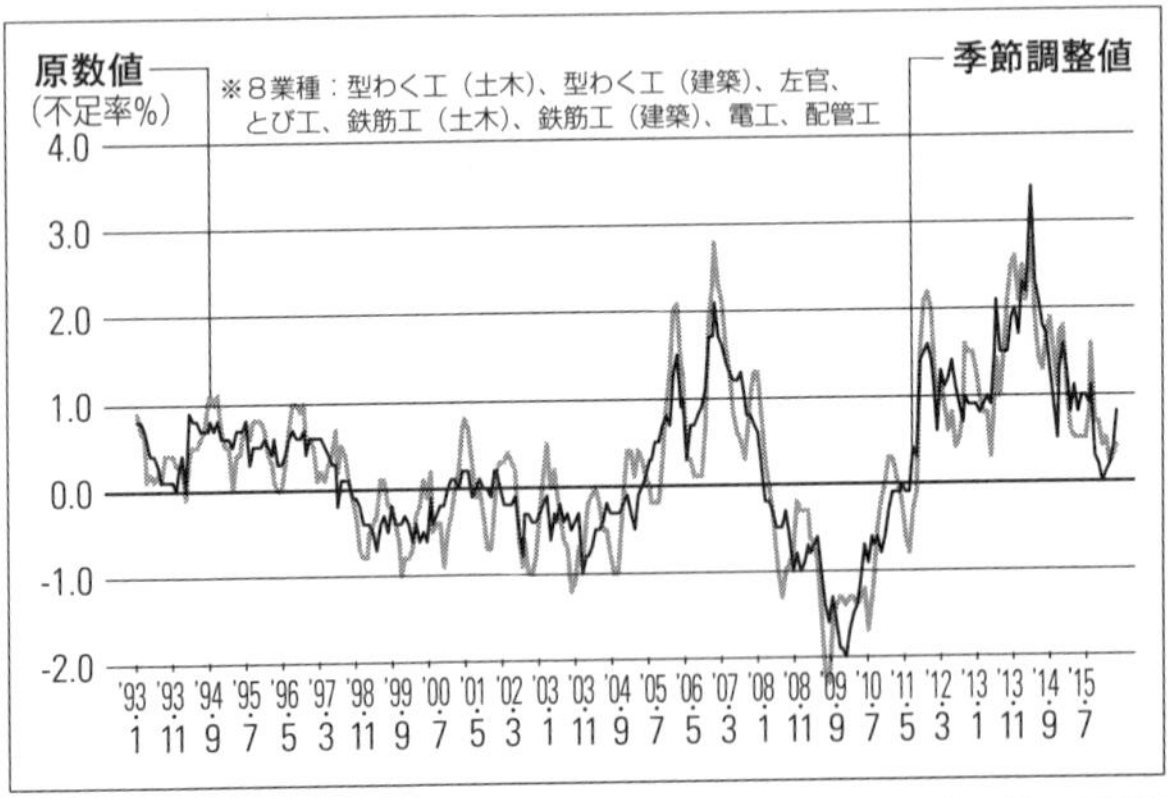

※グラフは上が労働者不足、下が労働者過剰　　出典:国土交通省

以上も過去の建築方式が生き残っている国など、間違いなくわが国だけだ。

なぜ、日本でいまだに弥生建築方式が現役なのか。もちろん、伊勢の神宮で20年ごとにお宮を建て替えてきたためである。1人の宮大工は、一生に「2回」式年遷宮を経験するといわれている。1度目は先輩の宮大工から学び、2度目は後輩に教える。20年ごとに式年遷宮を繰り返すことで、老年の宮大工から若い宮大工へと技術が継承され、2千年近くもの間、特定の技法が未来へと受け継がれてきたのだ。

今後、日本の土木・建築分野は極端な人手不足に陥っていく。人手不足とは「働き手」にとっては所得を高めるチャンスでもある。

現在の環境を機会としてとらえ、労働者の生産性を引き上げ、所得を増やし、（特に）若年層を労働市場に向かわせることができれば、人手不足問題はもちろんのこと、国民の所得不足の問題をも解決に向かわせ、同時に技術の継承や供給能力の向上も達成できる。すなわち、日本の国民経済の「経済力」を強化することが可能なのだ。

現代に生きる日本国民は、過去の国民の労働、努力による「経済力向上」の恩恵を受け、快適に暮らしている。そうである以上、将来の日本国民のために、国民経済を強化し、強靭な経済を引き継ぐことは、現在の日本国民の義務であると信じる。

日本が経済力を強化するためには、まずは「経済力が何なのか？」について知らなければならない。繰り返すが、経済力とはお金の話ではなく、国民がモノやサービスを生産する力のことなのだ。

三橋　貴明

あなたの常識を論破する経済学　目次

第7章 TPPは海外企業・投資家に特権を与える不平等条約 213

第1章

デフレ脱却に「法人税減税」は不要である

インフレギャップとデフレギャップ

「デフレ対策」とは「インフレ促進策」のこと

最初に強調しておきたいポイントがある。それは、「インフレ期とデフレ期の政策は、真逆になる」という事実だ。インフレとは、物価が上昇していく現象である。当然、インフレ期には「物価を抑制する」政策が適切になる。とはいえ、同じ政策をデフレ期に実施してしまうと、ただでさえ物価が下落しているところに、さらに物価下落圧力を加えることになってしまう。逆に、デフレ対策をインフレ期に行うと、物価上昇に歯止めが効かなくなってしまう。インフレ対策は「デフレ促進策」であり、デフレ対策は「インフレ促進策」になる。これが真実なのである。

現在の日本は、長期デフレに苦しんでいるが、これは国民経済における「本来の供給能力（潜在ＧＤＰ）」と「現実の需要（名目ＧＤＰ）」との間に、マイナスの乖離が発生して

［図］インフレギャップとデフレギャップ

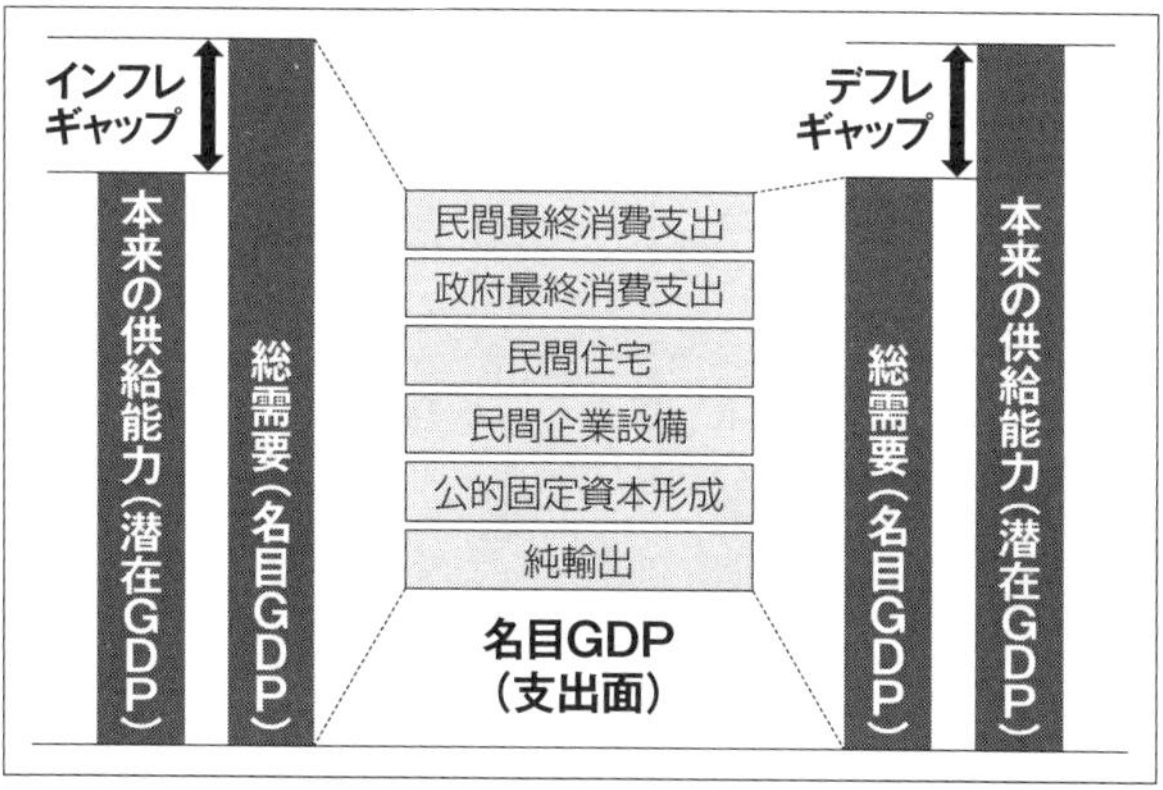

いることに起因している。すなわち、デフレギャップの拡大だ。

日本とは逆に、供給能力が現実の需要に追いつかない結果、物価上昇率が高まっている国では、インフレギャップが発生している。インフレギャップは、緊縮財政や生産性向上により解消される。それに対し、デフレギャップは誰かが需要を創出しない限り、永遠に解消されない。

図を見れば一目瞭然だが、インフレギャップを解消するには総需要（名目GDP）を押し下げ、さらに本来の供給能力を高めればいい。需要を抑制するための具体的な政策は、ずばり「増税」「公共事業削減」「医療費などの社会保障支出削減」「公務員削減」になる。増税は民間の支出意欲を抑制し、名目GDPにおける個人消費や民間投資といった需要項目を縮小させる。また、公共事業、医療費の政府負担分、公務員給与などは、すべて政府支出である。公共事業などを削減すれば、政府支出という需要項目は小さくなり、インフレギャップは埋まる。

本来の供給能力を高める生産性向上を達成するには、「規制緩和」「民営化」「外資導入」といった構造改革が確かに効果的だ。例えば、金融市場を外資に開放し、国内の競争を激化させる。あるいは、公営企業を民営化し、市場競争を激化させれば、供給能力は嫌でも高まる。

さらに言えば、中央銀行を政府の影響下に置いておくと、政治家の圧力で国債買取（通貨発行）が過度に増える可能性がある。通貨の供給量が増えれば、当たり前だがインフレ率は上昇してしまう。というわけで、法律を改正し、中央銀行の独立性を高めることも、インフレ対策として実に効果的なのである。

美しいフレーズやイメージに騙されるな

既にお分かりだろう。97年の橋本政権による緊縮財政開始以降、日本政府が実施してきた緊縮財政や構造改革は、その多くがインフレ対策なのである。消費税増税や公共事業削減、医療費などの社会保障支出切りつめ、公務員給与のカットや人員削減。これらはすべて、現実の需要を押し下げ、インフレギャップを解消するための政策だ。そして「インフレギャップ解消策」をデフレの国が行えば、どうなるか。当然、デフレギャップが拡大し、国内のデフレは深刻化していく。

あるいは、金融ビッグバンなどの規制緩和、構造改革の名の下で行われた各種の民営化、さらにTPPにしても、国内の競争を不要に激化させ、供給能力を押し上げる。インフレ対策としては正しいかも知れないが、同じことをデフレの国が実施すれば、デフレギャップの拡大を招くだけの話だ。

また、日本は98年に日銀法を改正し、中央銀行の独立性を高めた。もともと、内閣が持っていた総裁罷免権が消滅し、現在の日本銀行総裁は「誰も罷免することができない」という、実に不思議な立場になっている。日銀総裁がデフレ対策を真面目に実施しなくても、現在は誰も責任を取らせることができない。

90年代前半のバブル崩壊以降、供給能力が需要を上回り、常にデフレ圧力にさらされていた日本において、各種の「インフレ対策」を実施し続けてきたわけだ。それはもう、わが国のデフレが深刻化しなかったとしたら、そちらのほうが不思議である。

例えば、「市場競争」「自由貿易」「改革」「ムダの削減」「赤字解消」といったフレーズの響きは、確かに美しい。しかし、少なくとも国家の政策担当者は、フレーズやイメージにとらわれず、その政策が「現在の環境に適しているか、否か」に基づき判断しなければならない。ところが、現在の日本では、フレーズやスローガンが先行する形で世論が形成され、政治家までもがそれに影響され、各種の政策が実施されてきた。

環境に応じて、政策は変わる。インフレ期に正しい政策は、デフレ期には正しくない。この単純な事実を政治家、そして日本国民が理解しない限り、わが国のデフレ経済は終わりを見ないだろう。デフレがこのまま継続する場合、われわれは将来世代に供給能力が崩壊した経済を引き継ぐことになる。まさに、それこそが「将来世代にツケを残す」行為であることを、日本国民はいい加減に理解しなければならないのだ。

デフレ脱却唯一の手法（前編）

少子化も財政悪化もデフレの原因ではない

現在の日本や欧州諸国が陥っているデフレーションであるが、主因は明らかだ。国民経済の「需要」に相当する名目GDPが低迷し、国内の「供給能力」を意味する潜在GDPとの間に乖離が生まれてしまっているためである。先述の、デフレギャップの拡大だ。

デフレ深刻化の原因は「デフレギャップ」の拡大であり、それ以外にはない。少子化も人口減も、財政悪化も、すべてデフレの原因ではないのである。むしろ、デフレが深刻化すると、普通の国は少子化になる。史上最悪のデフレであった大恐慌期の米国では、デフレ深刻化で出生率が4年間で25％も減少した。あるいは、デフレで経済が成長しなくなると、名目GDPを「原資」とする税収が減る。税収の減少とは、すなわち財政の悪化である。少子化や財政の悪化はデフレの「結果」であり、原因ではないのだ。

また、現在のジョージア（旧：グルジア）は毎年1％減という、恐るべきペースで人口が減り続けているが、デフレではない。それどころかジョージアは年平均5％前後のインフレに苦しめられている。

それにもかかわらず、日本国内には「人口が減るからデフレ」「少子化だからデフレ」「財政が悪化しているからデフレ」などと、嘘八百を触れ回る評論家や政治家が少なくない。結果、日本は98年以降、まともなデフレ対策を打てず、国民は所得減少や雇用環境の悪化に苦しみ、GDPは横ばいもしくはマイナスを続けてきた。

日欧などでデフレギャップが発生しているのは、単純にバブルが崩壊したためだ。バブルが崩壊すると、民間（企業や家計）が負債返済を始める。何しろ、バブルが崩壊すると、バブル期に民間が借金をして購入した資産（不動産など）の価格が暴落する。当然、バブル崩壊後の民間は所得の多くを負債返済に回すようになり、国内の消費や投資は激減する。そして、負債返済は消費でも投資でもない。

名目GDPとは簡単に書くと「個人消費」「民間投資」「政府支出」そして「純輸出」の合計だ。バブル崩壊で民間が負債返済に注力するようになると、「個人消費」や「民間投資」が減少を始め、名目GDPは伸びなくなる。ところが、バブル期に民間企業が拡大した設備投資（民間投資の一部）の成果たる「供給能力」は残るのだ。バブル崩壊後の国は、供給能力（潜在ＧＤＰ）に対し需要（名目ＧＤＰ）が足りなくなり、物価が下がる。物価が下がると、企業の経営が悪化し（＝企業の所得の減少）、リストラクチャリングが始まる。企業がリストラで設備投資を減らし、人員を解雇すると、名目ＧＤＰの「個人消費」や「民間投資」がさらに縮小する。結果、デフレギャップはかえって拡大し、ますます物価や所得が下落するという悪循環に嵌る。

政府、日銀は「通貨を発行し、借りて、使え」

前記の問題を解決するには、一体どうしたらいいだろうか。

実は、デフレ脱却の手法は、昔から決まっている。すなわち「通貨を発行し、借りて、使え」である。「＝潜在ＧＤＰ－名目ＧＤＰ」というデフレギャップを埋めるには、誰かがお金を所得（＝名目ＧＤＰ）となるように使わなければならない。デフレ不況下で民間が主体的に支出を増やすことはあり得ないため、結局は政府がやるしかない。ユーロ圏はともかく、日米などの独自通貨国には、金利を抑制しつつ、政府が支出拡大をする方法が存在している。すなわち、中央銀行の国債買取だ。

日本で言えば、日本銀行に国債を買い取らせれば、政府は実質的な負担を増やさず、金利も上昇させずに「所得」を生み出すための支出ができる。無論、財政法で制限がかかっている「日銀の直接引受」ではなく、政府が「銀行」に発行した国債を、日本銀行が買い取る形でも構わない。経済的な効果は同じだ。

２０１２年末に発足した安倍政権は、当初は金融政策と財政政策のパッケージ、すなわち「通貨を発行し、借りて、使え」を実施した。ところが、14年度以降は「通貨を発行し」のみを実施。緊縮財政に舵を転じ、「借りて、使え」をさぼるようになってしまった。結果、わが国はデフレに舞い戻りつつあり、直近（16年6月）のインフレ率は▲0・5％だ。

ところで、なぜ日銀が国債を買い取ると「政府の実質的な負担が増えない」のかと言えば、中央銀行は中央政府の「子会社」だからだ。実は、日本政府は日本銀行の株式の55％を保有する「親会社」なのだ。親子の関係にあるため、日本政府が国債を日本銀行に買い取らせ、「日銀から政府が金を借りる」形にすれば、連結決算で相殺され、実質的な負債は増えない。当然、利払いも不要だ（やはり、連結決算で相殺されてしまう）。一応、日本政府は日本銀行に律儀に国債の金利を支払っているが、決算時に「国庫納付金」として返還される。

「日銀に国債を買い取らせる」と書くと、途端に「そんなことをしたらハイパーインフ

［図］日本国債保有者別内訳

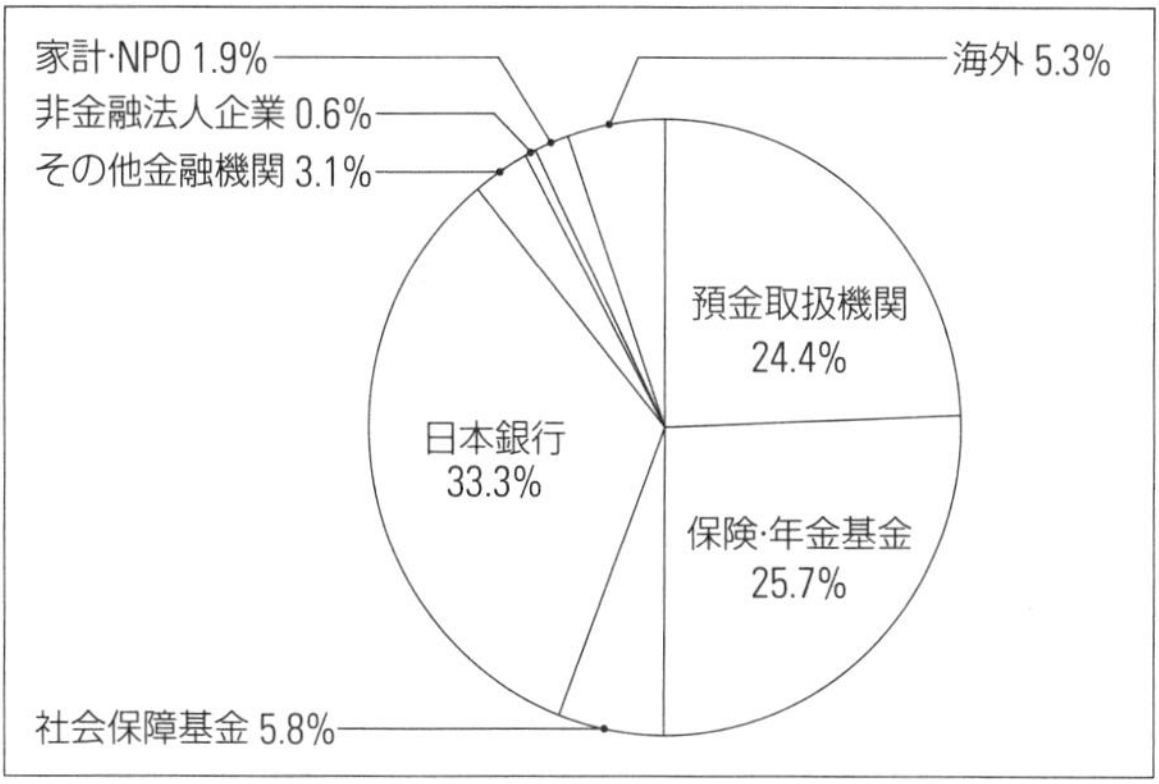

（2016年3月末　速報値）　　出典:日本銀行「資金循環統計」

レーション（インフレ率1万3千%）になる！」などと世迷言を言ってくる人がいる。バカバカしい限りだ。安倍政権下で日本銀行は量的緩和（国債買取）を続け、既にして日本銀行は日本国債の三割強を保有しているが、インフレ率は「ハイパー」どころかマイナスである。そもそも、日本銀行の通貨発行は主に「国債買取」により行われるのだ。日本銀行に国債を買い取るなと主張することは「通貨を発行するな」と言っているに等しい。

　現在の日本がデフレ脱却するには「通貨を発行し、借りて、使え」を日本政府（及び日銀）が実行に移すしかない。これは世界大恐慌期の日米独などで実行に移され、効果が証明された「唯一のデフレ脱却の手法」である。

デフレ脱却唯一の手法（後編）

通貨発行のみではデフレ対策として不十分

デフレ対策を訴える識者（経済学者など）の中には、

「日銀の通貨発行『のみ』でデフレから脱却できる」

と主張する人が少なくない。前回の「通貨を発行し、借りて、使え」で言えば、前半の「通貨を発行する」のみを提案しているわけだ。代表的な人物が、現日本銀行副総裁の岩田規久男教授だ。岩田教授のデフレ脱却策は、

「日本銀行がインフレ目標をコミットメントし、量的緩和を継続すると、期待インフレ率が上昇し、実質金利が下がり、投資が増え、デフレ脱却できる」

というものだった。

日銀が通貨を発行するためには、何らかの債権（国債など）を購入する必要がある。量的緩和政策では、主に国債が購入され、日本円という通貨が発行される。

例えば、日銀が国債や米国債（と、主張する人もいる）を買い続けたとして、わが国はデフレから脱することが可能だろうか。

不可能とは言わないが、1つだけ確かなのは「金融政策（通貨発行）のみ」の対策では、デフレ脱却に時間がかかるという点である。理由は複数ある。

まず、現在の日本のデフレは本当に深刻で、民間の資金需要が極端なまでに縮小している。民間銀行が国債を日銀に売却すると、代金としてその銀行が「日銀に保有する当座預金」の残高が増える。日銀当座預金残高の増加分が、新たに発行された日本円の通貨の額になる。

銀行が保有する国債は、政府から金利が支払われる。それに対し、当座預金の残高は基本的に金利が付かない。銀行側は金利が付かない当座預金の残高を増やした場合、民間企業の資金需要が枯渇していると、貸し出しに回せない「可能性」があるわけだ。そうなると、逆ザヤになってしまうため、銀行は（微々たるものとはいえ）安定的に金利収入を得られる国債を持ちたがる傾向が続くのである。

それにもかかわらず、日本銀行が16年1月29日に、日銀当座預金残高の一部に「マイナス金利」を課す政策を決定。量的緩和とマイナス金利政策が同時に実施されたため、銀行は国債を「投機商品」として買い始め、長期金利がマイナスに落ち込んでしまった。何しろ、銀行からしてみれば、マイナス金利で国債を購入したとしても、将来的に日本銀行に「より高い価格」で売却すれば、儲かるのである。日本銀行としては、量的緩和を継続する以上、銀行から国債を買い取らざるを得ない。

そもそも、国債を保有する（＝政府にお金を貸し出す）ことは、銀行の本来的な仕事ではない。銀行のビジネスとは、国民から「預金」という形で借り入れたお金を、民間企業に貸し出し、金利差を稼ぐことだ。ところが、現在の日本はあまりにもデフレが深刻化し、企業の投資意欲が高まらない。結果、銀行側は預金を「国債中心」で運用するという奇妙な事態になっているわけだ。挙句の果てに、日銀のマイナス金利政策で、国債が投機商品と化してしまった。

また、銀行が日銀への国債売却に応じ、日銀当座預金残高を中心にマネタリーベース（日本政府、日本銀行が発行した日本円の通貨）が拡大しても、信用創造の働きが弱い場合、社会全体のお金を意味するマネーストックが増えないという問題もある。マネタリーベースが増えても、貸し出しに回らないのでは、お金が社会に流通することはない、社会全体のお金（マネーストック）が増えなければ、インフレ率は絶対に上昇しない。

政策の失敗ではなくもはや「人災」

さらに、恐ろしい問題がある。図（29ページ）の通り、実は日本のマネーストックは（デフレ脱却には不十分とはいえ）増え続けているのだ。それにもかかわらず、インフレ率（コアCPI）は14年3月まで減少を続けている。コアCPIとは、日本銀行のインフレ率の指標だ。14年4月に、コアCPIはいきなり急上昇したが、いう間でもなく「消費税増税」の影響である。

なぜ、社会全体のお金であるマネーストックが増えているにもかかわらず、14年3月までコアCPIは上昇に転じなかったのだろうか。理由は簡単だ。物価上昇とは文字通り「財やサービスの価格」の上昇を意味し、社会全体のお金の量が増えても、財やサービスの購入が拡大しなければ、物価は上昇しないためだ。財やサービスの購入とは、要するに消費と投資だ。マネーストックが増えたとしても、それが消費や投資として使われ、誰かの所得が増えなければ、インフレ率は上昇しようがないわけだ。

社会に出回ったお金が所得（＝消費、投資）に回らないとは、どういうことだろうか。消費や投資以外にお金が使われているという話だが、例えば土地や金融資産（株式含む）

の売買は、誰の所得にもならない。不動産業者や金融機関の手数料収入は所得に含まれるが、投じられたお金自体は単なる所得の移転、もしくは「貸し借り」にすぎない。読者が友人に1万円貸しても、別に友人の所得が1万円増えるわけではないのと同じである。

整理すると、現在の日本は「銀行に供給された日本円の通貨に信用創造の機能が働きにくい（マネーストックが増えない）」「マネーストックの増加が所得創出に結び付かない」と、二重の意味で金融緩和がインフレ率上昇に結び付きにくい状況になっているわけである。

結局のところ、日本政府はデフレ対策として「通貨を発行し、借りて、使え」を同時に行わなければならないという話だ。日銀が通貨を発行するのは当然として、銀行のお金を政府が国債発行で借り入れ、さらに所得が生み出される形で消費、もしくは投資に使わなければならない。これは大恐慌期に日米独などの諸国で有効性が確認されたデフレ対策である。

要するに、過去に効果的だったデフレ対策を実施すればいいだけなのだ。現在の日本は、ユーロ諸国とは異なり独自通貨国だ。それにもかかわらず、政府は「通貨を発行し、借りて、使え」という正しいデフレ対策に乗り出さなかった。結果、デフレが深刻化した

[図] 日本のマネーストックとコアCPIの推移

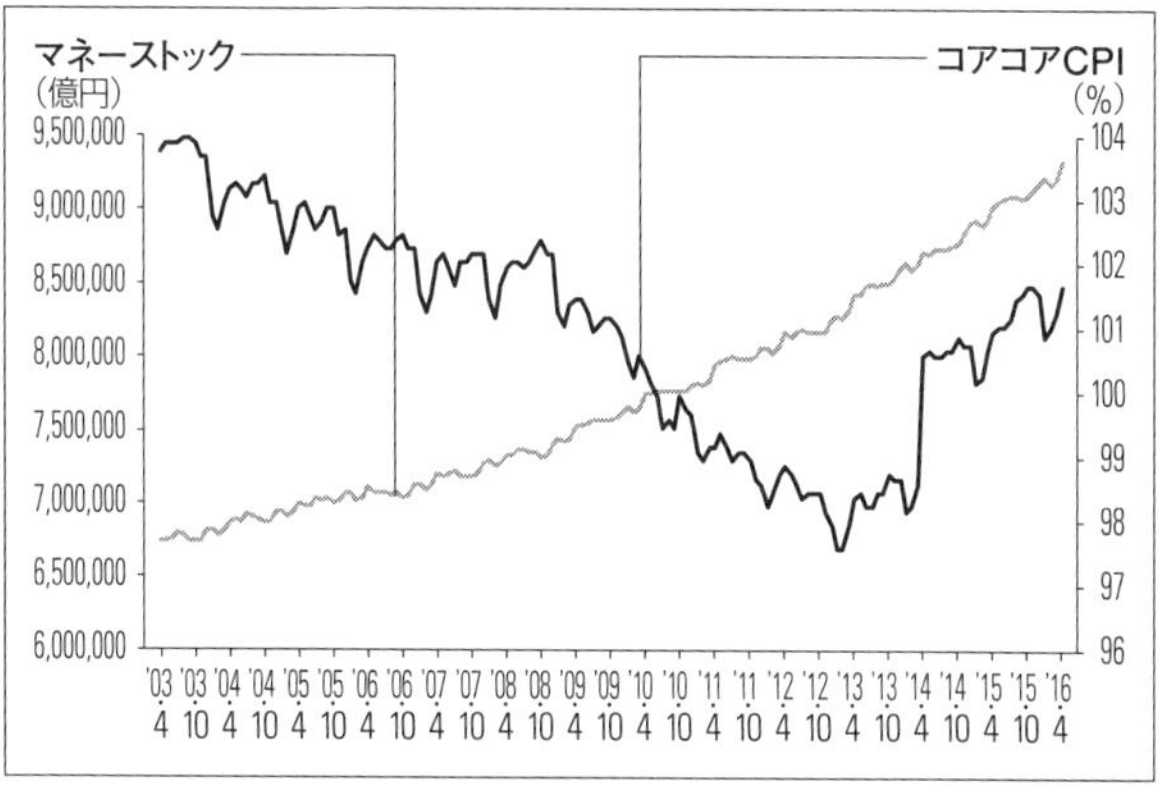

出典:日本銀行「マネーストック」、統計局「コアコアCPI」

1998年以降、わが国の自殺者数は毎年3万人超と、97年比で約1万人多い状況が続いた。これはもはや、政策の失敗というよりは「人災」と呼んでも構わないと思うわけだが、いかがだろうか。

正しいデフレ対策とは

以前は消費増税の条件を明言した安倍総裁

評論家というものは、あまり自らの政治的な立ち位置を明らかにしないそうだ。特に、選挙において、特定の候補者を全面支援したりするケースは少ないようだ。理由はもちろん、自らが支援した候補が敗北することを「想像してしまう」ためだろう。

とはいえ、筆者は別に評論家ではないので、2012年の自民党総裁選挙において、当初から安倍晋三元総理（当時）の全面支援を表明した。理由は5人の総裁候補のうち、「正しいデフレ対策」を明言していたのが、安倍元総理ただ1人だったためである。

自民党の新総裁に選出された安倍氏は、出馬表明時点で「消費税を引き上げていく前に、デフレから脱却をして経済を力強い成長軌道に乗せていく必要がある」と明言していた。その後も選挙戦を通じ「消費税増税前のデフレ脱却」という発言を繰り返していたわけだが、実は安倍新総裁は「社会保障と税の一体改革」法案が衆院で可決された12年の6

月時点から、

「報道等ではあまり触れていませんが、現在のデフレ下では消費税を引き上げず、法案には引き上げの条件として名目経済成長率3％、実質成長率2％を目指すという経済弾力条項が盛り込まれています。つまり現在のデフレ状況が続けば、消費税は上げないということです。（中略）そして、『その条件が満たされなければ消費税の引き上げは行わないこと』が重要です（安倍晋三元総理のメールマガジン2012年6月27日号より）。」

と、税と社会保障の一体改革法案「附則十八条」に基づく「消費税増税前のデフレ脱却」について言及していた。ところが、大手マスコミで安倍総裁の消費税に関する意見を報道したところは皆無で、それどころか附則十八条自体を正しく伝えたメディアが無きに等しかった。とにかく増税さえできれば、国民生活などどうなってもいい財務省は、附則十八条について「報じさせない」ことで、国民の間に「増税のコンセンサス（政策的合意）」をつくろうとしていたのだ。

日本国民の側に、「2014年4月に消費税は8％に上げられる」というコンセンサスが形成されてしまうと、13年秋、ときの政権が附則十八条に基づき「いまだ日本経済はデフレから脱却していない。よって増税は見送る」と判断しようとしたとき、逆に国民から批判されてしまうといったバカバカしい状況に陥りかねなかった。さらに、国民からの批判を恐れた政府が14年4月時点の増税を強行すると、日本はさらなるデフレの泥沼に突っ込み、財政悪化と国民の所得減少のスパイラルに突っ込む。

安倍新総裁は、第二次安倍世間発足時点では、「消費税増税前のデフレ脱却」を前提に、具体的なデフレ脱却策として以下の政策を掲げていた。

「日本銀行とのアコード（政策協調）によるインフレ目標3％と円高是正」「子どもたちの安全や生命を守り、地域経済を活性化させる未来への投資としての公共投資の拡大」「スーパーコンピューター京プロジェクトに代表される、創造的活動、イノベーションへの政府支援拡大」

前記の「正しいデフレ対策」がこのまま実施されれば、日本は恐らく3年程度でデフレから完全に脱却し、新たな成長の道を歩み始めることができたはずだった。

財政健全化達成に背を向ける財務省

デフレ深刻化が著しい現在の日本においては、デフレ対策として中央銀行が通貨を発行するのは当然として、それを「誰か」が所得・雇用を生み出すように使わなければならな

［図］日本の長期債務残高と長期金利の推移

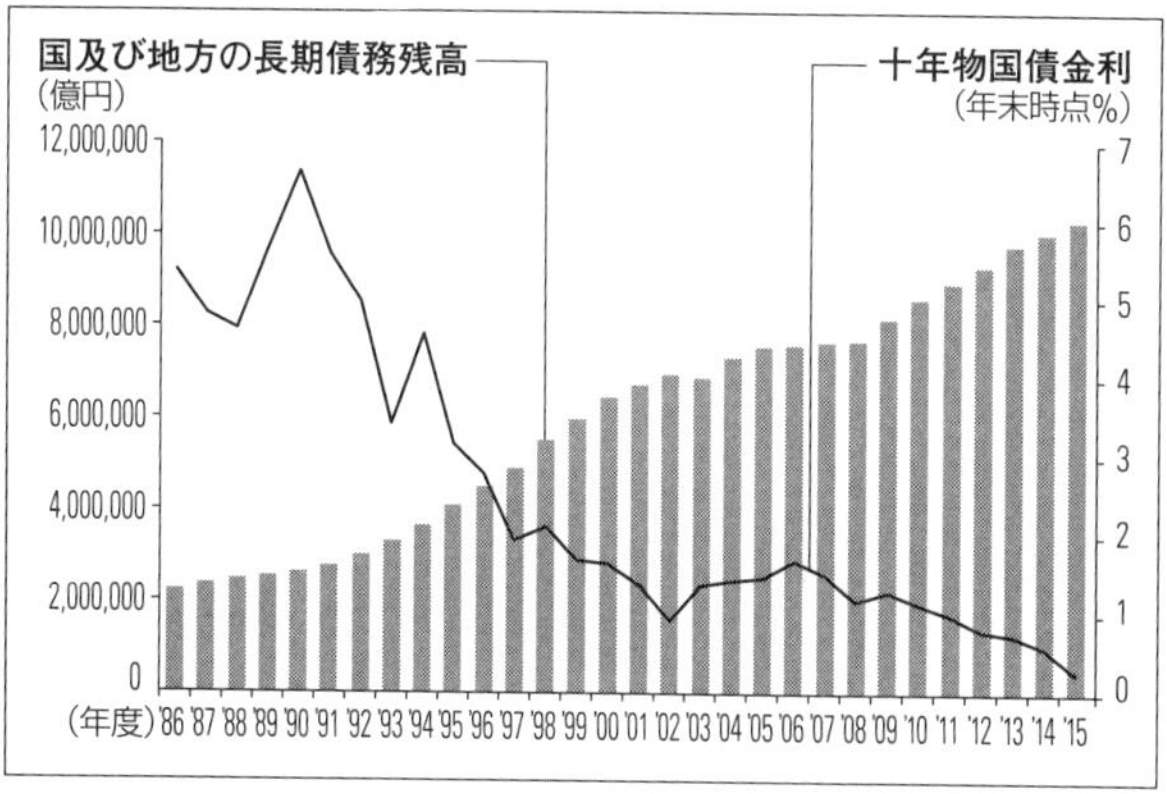

出典:財務省、日本銀行

い。マネタリーベース、マネーストックを増やす金融政策のみでは不足で、そのお金が所得、雇用に向かうように消費、もしくは投資されなければならないのだ。

図の通り、米国の不動産バブルの影響で好景気だった、かつての安倍政権から福田政権にかけ、税収増により政府の長期負債残高が横ばいになっている。経済成長（名目GDPの拡大）を達成すれば、自然増収により財政は健全化できるのだ。

それにもかかわらず、財務省は安倍総裁の「正しいデフレ対策」に対し、「歳出拡大圧力が高まるのでは」などと警戒感を示していた。財務省は国民経済を成長させるつもりがないのはもちろん、「財政健全化達成」にすら背を向けているとしか思えない。何しろ、政府が国債をどれだけ発行しようが、長期金利が逆に下がっていくデフレ期において、「増税！　公共事業などの財政支出削減！」などと真逆のことを言い続け、国民経済をどん底にまで追い詰めつつあるのだ。

本来、民間企業などが投資を積み重ね、個人の所得が増えることで消費が拡大していくことが経済成長の基本だ。とはいえ、民間需要が委縮しきったデフレ期には、民間主導の消費、投資の拡大は不可能なのである。

安倍新総裁が12年時点で「当初は公共投資により経済を牽引する」と語ったのは、当たり前すぎるほど、当たり前の話だった。しかも、政府が正しいデフレ対策を実施し、経済成長を達成することで、財務省が望む財政健全化も達成できる。

それにもかかわらず、第二次安倍政権が発足し、安倍晋三内閣総理大臣は、13年10月1日に、14年4月の消費税率5％から8％への引き上げを決断。実際に、14年4月に消費税が増税され、日本は「国民経済の崖」に突っ込んだ。

一体全体、２０１２年までの安倍総理は、どこに消え失せてしまったのか。結局、日本国は政治家個人としていかなる意見を持っていたとしても、権力を握れば財務省の飼い犬と化さざるを得ないという話なのだろうか。

GDPデフレーターとインフレ率

GDPデフレーターを継続的にプラスに持っていく努力を

２０１４年４月以降、消費税増税の影響で一時的にGDPデフレーターがプラス化した。２０１５年１月－３月期には対前年比３・２％に達したが、その後、消費税増税分の効果が消えると失速。16年１－３月期には対前年比０・９％と、またもや１％を切り、ゼロに近づいてきている。

GDPデフレーターとは、「名目GDP÷実質GDP×１００」で計算される物価指数だ。GDPデフレーターのプラスが小さくなってきてということは、わが国の経済がいまだにデフレから完全脱却を果たしていないことを意味している。

筆者がGDPデフレーターに着目している理由の１つは、同指標をわが国の「インフレ率」として用いると、実に美しいフィリップス曲線が描けるためである。日本の失業率とインフレ率（GDPデフレーター）をマッピングすると、

「インフレ率がマイナスの時期は失業率が高く、インフレ率がプラスになると、失業率が低下してくる」

ことを示すフィリップス曲線が「綺麗に」描ける。他の国のフィリップス曲線は、日本ほど美しくならない。他国の場合、「インフレ率と失業率が共に高い」時期など、曲線から懸け離れた「例外」が存在してしまうのだ。ところが、1981年から2013年までの日本の失業率、インフレ率をマッピングすると、ほぼ例外なく右下がりのカーブにデータが収まる。もっとも、14年度には、インフレ率が2.9％と上昇したにもかかわらず、失業率は3.6％にまで下がらなかった。14年のインフレ率上昇が「消費税増税」という、景気を失速させる政策の影響である以上、当たり前なのだが。

消費税増税のような「余計なイベント」がない限り、わが国の失業率を引き下げたいのであれば、GDPデフレーターを継続的に上昇させればいいわけだ。日本のインフレ率がGDPデフレーターベースで2％になると、失業率が2％前半に下がってくる。そして、インフレ率が2％を超え、3％、4％と高まっていっても、失業率は2％を切らない。現在の日本にとって失業率2％とは「完全雇用状態」を意味する可能性が濃厚なのだ。

別の書き方をするならば、

「日本を完全雇用にしたいならば、GDPデフレーターを2％に引き上げればいい」

という話になる。

わが国のGDPデフレーターは、98年のデフレ深刻化以降、わずかな例外期を除き継続的に下がり続けた。紛うことなきデフレーションだ。

正しい意味におけるデフレ脱却とは、実質GDPがプラス化し、さらにGDPデフレーターも上昇。名目GDPが実質GDP以上のペースで拡大していく環境になる。実質GDPの成長とは「生産量」の拡大を意味している。そして、企業は生産性を高めることで、「雇用の拡大」なしに生産量を増大させることが可能だ。

デフレで名目GDPが伸び悩む現在の日本にとって、重要なのは、生産「量」を意味する実質GDPに加え、GDPデフレーターである。マクロ的にみれば、実質GDPは企業の「生産性向上」により上昇する可能性がある。GDPデフレーターがマイナス（すなわち、デフレ）の環境下で企業が生産性向上に邁進すると、

「GDPデフレーターがマイナスで、失業率が高止まりしているにもかかわらず、実質GDPは成長する」

という現象が発生してしまうのだ。というよりも、実際にわが国で発生していた。

増税のためには名目GDPの成長が必要

繰り返すが、GDPデフレーターがマイナスで推移していたわが国は、デフレが継続していたことになる。すなわち、実質GDPほど名目GDPが成長していない。

名目GDPとは、国民の所得の「金額」である。実質GDPがどれだけ上昇しても、GDPデフレーターがマイナスを維持し、名目GDPが拡大しなければ、われわれ国民は「所得の拡大」を目で見て確認することはできない

さらに重要な点は、政府の税収は名目GDPから徴収されるという点である。当たり前だが、税収は粗利益、税引き前利益、給与所得などの「金額」的な所得に課せられる。

別の言い方をすれば、

「実質的な生産が増えた（実質GDP成長）としても、名目的あるいは『金額』的な所得が伸びなければ、税収は増えない」

のである。「生産が増えても、政府の税収が減る」という不思議な現象が発生するのが、まさにデフレ期だ。

税収を増やし、財政を健全化させたいならば、名目GDPが堅調に成長していく環境を

つくらなければならない。そのためには、とにかくデフレ脱却する、具体的にはGDPデフレーターを安定的にプラス1％、2％程度に持っていくしかないのである。

もちろん、消費税増税により一時的にGDPデフレーターをプラス化するのでは、全く意味がない。デフレ下の増税で経済がデフレに舞い戻れば、すぐにGDPデフレーターもマイナスの領域に突っ込んでしまう。いずれにせよ、デフレ下の増税という愚行を回避するためにも、わが国では国民が「GDPデフレーター」といった各経済指標に対する知見を深める必要があると考えるわけだ。

企業が投資した場合のみ減税を

投資の拡大がデフレ脱却に貢献

デフレーションという「わが国の経済が抱える、唯一の問題」を解決するためには、何が必要だろうか。少なくとも、産業競争力会議の民間議員たちが主張している法人税減税や雇用の流動性強化が「不要」であることは間違いない。

「法人税減税を実施すれば、投資が自然としたたり落ち（いわゆるトリクルダウン）、国民経済が成長する」

「従業員を解雇しやすくすれば、企業はむしろ人を雇い始め、失業率が低下する」

といった、インフレ下の「成長経済」を前提にした政策を現在のわが国が実施すると、デフレが深刻化するだけだ。法人税を減税しても、企業の内部留保や株主への配当金が増えるだけで、設備投資には回らない。というより、企業が所得を稼いでも、設備投資に回さないからこそ、デフレが継続しているのが日本の現状だ。実際、企業の現預金という内部留保は、データが公表されるたびに「過去最高」を更新していっている。

また、需要のパイが不十分なデフレ環境下で雇用の流動性を強化しても、単に企業が喜んで人を解雇し、失業率がかえって上昇するだけの結果に終わる。失業者が増えると、GDP上の民間最終消費支出が減り、デフレがさらに深刻化する。雇用の流動性強化以外の「規制緩和」にしても、基本的には競争を激化させ、潜在GDP（供給能力）を増やす政策である。需要（名目GDP）が不十分なデフレ期に規制緩和をしても、デフレギャップ拡大を引き起こすだけだ。デフレ期には、規制緩和は「成長戦略」にはなり得ない。

デフレ期に「成長戦略」を立てるならば、それこそ「政府がカネを使う」形でなければならない。経済を中期的に成長させるには、結局は民間企業の自主性を引き出し、国内への投資を無差別的に拡大してもらうしかない。そういう意味で、条件なしの法人税減税ではなく、「企業が投資をした場合のみ法人税を減税する」タイプの投資減税は適切である。

筆者は、投資減税を実施するに際し、「〇〇の分野に投資をした企業に、減税する」といった条件を付けるべきだとは思わない。その〇〇（ベンチャー企業立ち上げやら、新規事業創出やら）が正しいと、誰に分かるのだろうか。

そもそも、何故に政治家や官僚に「成長分野」とやらが分かるのか。もっとも、現場のビジネスを担う経営者ですら、事前に成長する分野など分からない。もし、事前に成長分野が確実に分かるならば、この世から倒産する企業は消滅することになる。

政府や官僚がどうしても投資減税を適用する分野を限定したいならば、現在の日本は、防災減災を中心とした国土の強靭化、レジリエンス強化のためであるべきと考える。すなわち、耐震化のための投資について、大幅な減税を認めるべきだ。現在の日本は民間企業のみならず、家計に対しても耐震化投資減税、耐震化投資助成金といった施策をやらなければならない時期である。この手の「投資という需要」が確実に創出される政策は、デフレ脱却にも大きく貢献する。

国内のリソースを投入するための需要を創出

法人税の「無条件」の減税と投資減税とでは、政策の性質が全く違う。もちろん、法人税の無条件減税にしても、企業の設備投資を誘発するためにやるわけであるが（トリクルダウン）、

「法人税を減税しても、企業が設備投資を増やしてくれるか否かは、誰にも分からない」

という問題を抱えている。そもそも、日本の法人企業の7割超は赤字で、法人税をほとんど払っていない。法人税を減税し、3割にも満たない黒字企業が内部留保や配当金を増やす「だけ」では、国民経済の成長への貢献は著しく低下する。

さらに言えば、たとえ企業が設備投資拡大に乗り出しても、それが「外国への投資」すなわち対外直接投資であっては、「日本国民」の雇用は全く生み出されない。企業が外国で莫大な投資を行っても、日本のデフレ脱却には何の貢献もしないのだ（外国から配当金が流入することで、国民総所得は増えるが）。

無条件の法人税減税を求める経団連や産業競争力会議の民間議員たちは、「法人税を引き下げ、外国企業の投資を呼び込む」などと「それっぽいレトリック」も使ってくる。だが、これほどまでに国民所得が高く、しかも長引くデフレで需要が伸びない国に投資するような酔狂な企業は、そうは存在しない。しかも、現在の日本国は資金、技術、人材等のリソースは十分である。リソースが十分すぎるゆえに、デフレが継続しているだけなのだ。日本に必要なのはリソースが投入されるべき「需要」であり、外国企業のリソースなど不要である。国内に「需要」を創出する投資減税の実現を、一日本国民として心底から希望する。

2つの潜在GDPによる弊害

平均概念で「潜在」GDPは測れない

経済学者や評論家、官僚、さらに政治家の中には、
「デフレの原因はデフレギャップではない。マネー量が不足していることだ。何しろ、デフレギャップが存在しない状況でも、日本の物価は下がっていた」
と、主張する人が少なくない。「潜在GDP（供給能力）－名目GDP（総需要）」で計算されるデフレギャップがマイナス、すなわち総需要のほうが供給能力を上回っている時期ですら、物価は下がり続けた、と主張しているわけである。

総需要が供給能力を上回り、インフレギャップ状態になった時期ですら、確かに日本の物価は下がり続けた。よって、デフレギャップはデフレの原因ではないのだ。

という話なのだが、彼らは故意なのか無知なのかは知らないが、1つ「重要な観点」を無視している。すなわち、デフレギャップを計算する際の「潜在GDP」が、実は2つ存

在するという問題である。

1つ目は、「最大概念の潜在GDP」になる。最大概念の潜在GDPとは、国民経済において、既に存在する労働者や資本、設備がフルに稼働した場合に生産可能なGDPだ。労働者がフル稼働している以上、「完全雇用環境下のGDP」と呼び替えても構わない。

日本の場合、GDPデフレーターベースでインフレ率が2%に上昇すると、失業率も2%台前半に落ちる。さらに、インフレ率が3%、4%と上がっても、失業率は2%を切らない。すなわち、わが国の完全雇用失業率は2%である。

日本の失業率が2%に下がった時点のGDPが、「最大概念の潜在GDP」という話になる。非常に論理的で、分かりやすいのではないかと思う。筆者が「潜在GDP」という用語を使うときは、もちろん完全雇用下のGDPを意味している。

日本が完全雇用状態になり、設備がフル稼働になったとき、生産されるGDPの総計こそが「潜在GDP」だ。この潜在GDPに対し、現実の総需要（名目GDP）が不足している。よって、物価が継続的に下がるデフレーションが発生しているという考え方だ。

それに対し、2つ目の潜在GDPが「平均概念の潜在GDP」になる。これは実に分かりにくい。

平均概念の潜在ＧＤＰとは、過去の平均的な労働や設備稼働率に対応するＧＤＰを意味している。失業率で言えば、まずは過去の平均失業率を算出する。弾き出された平均失業率時点のＧＤＰが、潜在ＧＤＰ（平均概念の潜在ＧＤＰ）と定義するのだ。

例えば、１９８０年から２０１０年までの31年間のわが国の失業率の平均は、３・５％である。ということは、平均概念の潜在ＧＤＰとは、失業率３・５％時点のＧＤＰということになる。失業率３・５％は完全雇用状況ではないため、国内には稼働していない労働者や設備が存在している。その状況で達成されるＧＤＰが「潜在ＧＤＰ」と言われても、まるで理解も納得もできない。何しろ、稼働していない労働力や設備が存在しているわけだから、現実問題として「潜在」ＧＤＰでも何でもないわけだ。

当然の話として、平均概念の潜在ＧＤＰは、最大概念の潜在ＧＤＰよりも小さくなる。国内にいまだ稼働していない労働者や設備がある以上、当たり前だ。平均概念の潜在ＧＤＰを用い、総需要と比較すると、デフレギャップは小さくなる。

「最大概念の潜在ＧＤＰを使用するとデフレギャップ状態であるにもかかわらず、平均概念を使っているためにインフレギャップ状態に『見える』」

ということが、論理的に起こり得るわけだ。そうなれば、確かにデフレギャップが存在せず、インフレギャップ状態にありながら、国内の物価が下がり続けるという現象が発生してしまう。とはいえ、平均概念の潜在ＧＤＰを用いている以上、インフレギャップ状態とはいえ、国内に過剰な生産能力が存在しているわけだ。

間違った指標がデフレ対策を妨げる

そもそも、平均失業率で潜在ＧＤＰを測定するという発想自体がおかしいのだ。何しろ、バブル崩壊後の国は失業率が急騰するケースが少なくない。例えば、ギリシャはここ数年、失業率が極端に高まっており、平均失業率も悪化している。同国の２００１年から２０１３年までの平均失業率は、12・７％である。労働者の一割以上が失業状態にあるにもかかわらず、

「その状況の生産能力が潜在ＧＤＰ（潜在的に最大なＧＤＰ）だ」

と言われても、納得できるはずがない。ギリシャは失業者が10％を超える状況が、同国の「生産能力の限界」という話になってしまうのだ。そんなバカな話はない。

ところが、なぜか現在はグローバルに「平均概念の潜在ＧＤＰ」が主流になってしまっている。日本の内閣府や日本銀行も、平均概念の潜在ＧＤＰで測ったデフレギャップのみ

を発表し、最大概念の潜在GDPについては無視している。

結果的に、わが国のデフレギャップは過小評価され、政府は総需要拡大策という正しいデフレ対策に乗り出さず、さらに「デフレの原因はデフレギャップではない。マネー量が不足しているためだ」と主張する声が大きくなり、金融政策のみがクローズアップされ、財政出動がなおざりにされてしまうというわけである。

ちなみに、内閣府は直近のデフレギャップ（需給ギャップのマイナス）として、6兆円前後であるとの推計を公表している。数値が小さめに出る平均概念の潜在GDPを用いても、デフレギャップが継続しているのだ。安倍内閣が、16年6月1日に記者会見し、17年4月に予定されていた消費税率10％への引き上げ再延期を公表したのは、まともな判断である。とはいえ、何故にデフレギャップが拡大し、国民の貧困化が続いているのかといえば、14年4月の安倍政権による消費税増税が主因なのだが。

第2章

財務省のレトリックにはもう騙されない

理なき消費税増税論

必要なのは「増収」であって「増税」ではない

2012年8月10日、野田政権は自民党、公明党とのいわゆる「三党合意」に基づき、「社会保障・税一体改革関連法案」を国会で可決。消費税率が、段階的に10％に引き上げられることが決定された。自民党に政権交代後、安倍総理大臣は13年10月1日に、14年4月の消費税率8％への引き上げを予定通り行う旨、記者会見で発表。実際に14年4月に消費税が増税された。

デフレ期の増税は、国民経済における総需要を縮小させ、デフレギャップを拡大する「デフレ促進策」だ。消費税だろうが所得税だろうが、あるいは法人税だろうが、各種税金の税率をアップすると国民の可処分所得が減り、消費意欲、投資意欲が削がれる。消費や投資とは、まさしく国民経済の需要（名目GDP）そのものだ。増税で国民の可処分所得が減れば、需要が減退し、デフレギャップが拡大するのは免れない。すなわち、デフレが促進される。

消費税増税が国会で可決された際に、野田政権は「税と社会保障の一体改革」と銘打ち、「社会保障の財源を豊かにするため、消費税を増税する」と主張した。別に「社会保障の財源を豊かにする」ことについては反対しないが、そのために必要なのは政府の「増収」であって、「増税」ではない。

政府の税収とは国民の「所得」を財源にしている。より具体的に書けば、名目GDPだ。名目GDPとは、国民の生産活動による付加価値の創出(生産面のGDP)、国民経済の需要(支出面のGDP)、そして国民の所得(分配面のGDP)を同時に表す、大変面白い指標なのである。生産面のGDPと支出面のGDP、さらに分配面のGDPは必ず一致するが、これを「GDPの三面等価の原則」と呼ぶ。

社会保険料を含む税収とは、国民の所得の総計である名目GDPから「政府に分配された所得」に該当する。例えば、給与所得者の場合、支給総額(所得)から健康保険料や厚生年金、労働保険など社会保険料が差し引かれ、さらに所得税や住民税を支払い、残った金額が「手取り」になる。すなわち、可処分所得だ。

また、企業の場合は、生産した付加価値である粗利益(売上総利益)から「生産・輸入に課せられる税」（消費税など）、厚生年金の企業負担分など各種費用を支払い、税引き前利益から法人税を徴収され、残った純利益が「手取り」になるわけだ。いずれにせよ、政府の税金や社会保険料の原資は、民間の「所得」しかないのである。

この事実は、増税推進派の筆頭である財務省すら認めている。4月4日の参院予算委員会において、自民党の西田昌司議員が以下の通り質問した。

「国民の所得が減ったら、税収は増えるのか、減るのか、このことを端的に答えてください」

それに対し、指名された財務省主税局長は、

「国民の所得が何らかの理由で減少した場合、課税ベースが所得と連動する税につきましては、税率等制度が変わらなければ、税収が減少することになると考えております」

と答えたのである。政府の税収の原資が国民の所得である以上、当たり前だ。財務省も理解している通り、政府の租税収入と国民の所得の総計たる名目GDPは、ほぼ同じ動きをする。税収弾性値があるため、完璧に比例するわけではないが、それにしても租税収入と名目GDPの相関関係は、驚くほどに強い。租税収入の源が名目GDPである以上、当然の話である。

［図］名目GDPと税収

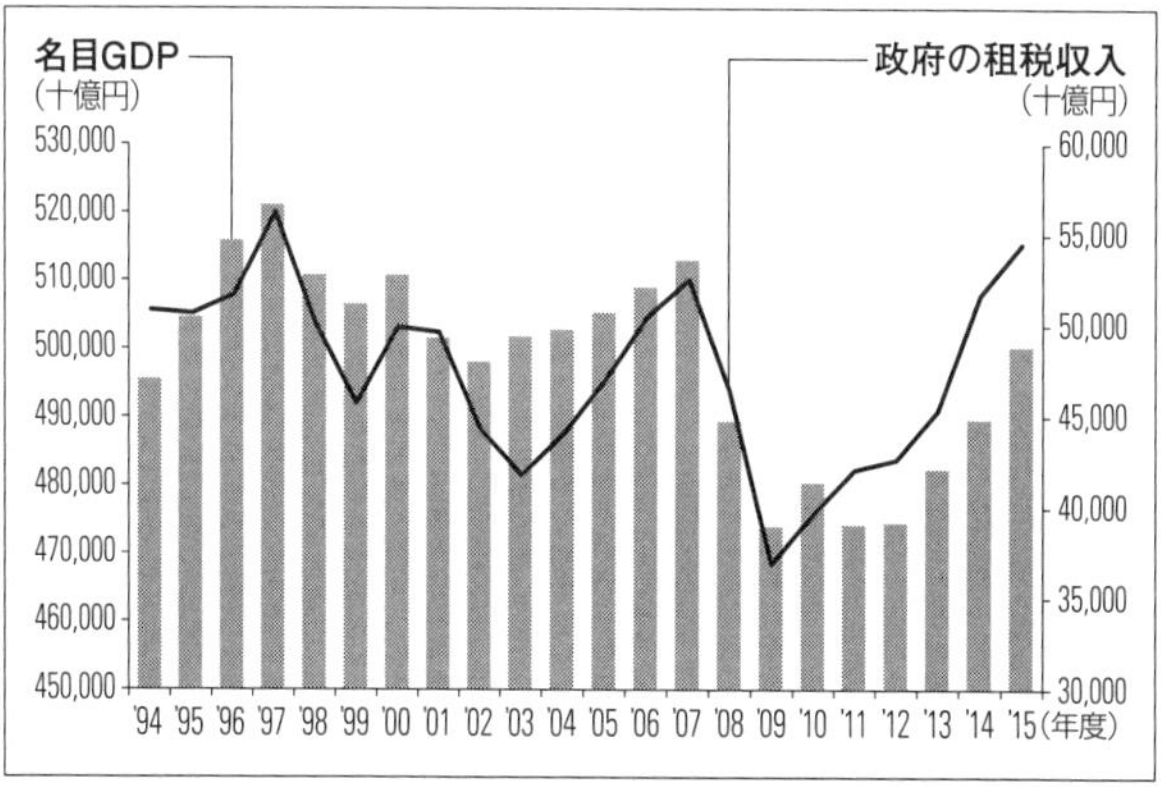

出典:内閣府、国税庁

消費増税が国民経済に打撃を与えるだけ

１９９７年に橋本政権が増税（消費税率アップ）や公共投資削減などの緊縮財政を開始したが、その後の日本の名目ＧＤＰは見事なマイナス成長に陥ってしまった。結果的に、政府の租税収入は減少したのである。確かに、消費税収入は増えたのだが、それ以上に所得税と法人税が激減し、トータルでは４兆円を超える減収になってしまった。

政府の減収とは、財政の悪化だ。財政再建を目指し、橋本政権が緊縮財政を強行した結果、財政がかえって悪化してしまったというオチである。

デフレ期の緊縮財政は名目ＧＤＰのマイナ

ス成長を引き起こし、政府の減収により財政を悪化させてしまう。同じ現象は、現在はギリシャやスペインなど、バブルが崩壊したユーロ諸国でも見られる。バブル崩壊で国内の投資が激減し、名目GDPがマイナス成長になった国で増税しても、さらなる税収減を引き起こすだけなのである。

財政再建には「経済成長」より具体的には名目GDPの成長が不可欠だ。橋本政権の例を見るまでもなく、名目GDPの低成長は政府の税収を減らし、財政を悪化させる。野田政権が消費税をアップしたいならば、「デフレ期に国民の可処分所得を減らしつつ、どのように名目GDPを成長させるのか」について、筋道を示さなければならなかったのだ。とはいえ、現実にそんな魔法使いのような真似ができる人はいない。

さらに言えば、消費税とはデフレ不況の深刻化で、赤字になった企業や職を失った労働者からも容赦なく徴収される、厳しい税だ。そういう意味で、確かに消費税は安定財源なのである。

とはいえ、安定財源とは景気低迷下においてさえ、企業や家計から徴収され、経済の復活を妨げるという意味も持つ。すなわち、デフレを深刻化させ、国民の消費意欲や投資意欲を削ぐ上で、消費税増税に勝るインパクトを持つものは存在しないのである。ある意味で、不況下には税負担が軽減される、所得税や法人税を増税する方がマシだ。

上記の通り、理がないどころか国民経済に打撃を与えることだけが確実な消費税増税路線を、日本政府は繰り返してきた。2015年度まで、名目GDPが拡大し、税収は増えた。とはいえ、14年4月の消費税増税の影響で、16年度の日本経済は確実にデフレに舞い戻りつつある。このままでは、再び税収は減少に転じるだろう。安倍政権が17年4月の消費税増税を再延期したのは、当然すぎるほど当然なのだ。

日本をギリシャ化するためには

自国通貨建て国債がデフォルトした例はない

消費税増税以外に頭にない財務省や政治家、マスコミなどは、盛んに、「このままでは日本はギリシャ化する！　だからこそ消費税増税！」というレトリックを使う。日本がギリシャ化するとは、どういう意味だろうか。無論、政府が過去に発行した国債などの借入（負債）について、返済や利払いができなくなるという話である。すなわち、政府のデフォルト（債務不履行）だ。

いわゆる「財政破綻」の定義は「政府のデフォルト」であり、それ以外にはない。消費税増税論者や財政破綻論者は、定義を故意に曖昧にし、国民を煽るが、財政破綻の定義は「グローバル」に政府のデフォルトだ。

ユーロの問題児たるギリシャは、2012年3月に政府がデフォルトに陥り、財政破綻した。ＥＵ（欧州連合）は、「銀行側が自主的に債権放棄をしたので、デフォルトではない」などと強弁しているが、ギリシャ債を持つ金融機関が50％超の債権放棄を（表向きは自主的に）強いられたのだ。これをデフォルトと呼ばずに、何と呼べばいいのだろう。

EUの屁理屈はともかく、ギリシャが12年3月に「共通通貨建て国債」の償還・利払い不能に陥り、デフォルトしたのは厳然たる事実だ。ポイントは、ユーロ加盟国であるギリシャが「共通通貨ユーロ建て」の国債について債務不履行になったという点である。何しろ、共通通貨ユーロの発行権限を持つのはフランクフルトのECB（欧州中央銀行）であり、ギリシャ政府（あるいはギリシャ中央銀行）ではない。ギリシャ政府は自国の国債価格が暴落（国債金利急騰）した際に、中央銀行に命じ、通貨発行で国債を買い支えることができない。共通通貨でなくとも、外貨建てでも同じだ。共通通貨建て、外貨建ての国債は、複数の条件が重なると、政府は普通にデフォルトを起こす。あるいは、地方自治体などが発行した地方債も、夕張市の例からも分かる通り、時にデフォルト状態に陥る。

この世に「債務」の種類は数多とあるが、たったひとつ、「デフォルトを起こせない債務」がある。中央政府が発行した自国通貨建て国債（内国債）だ。何しろ、中央政府は「自国通貨を発行できる」存在なのである。歴史上、中央政府がデフォルトを起こしたのは外貨建て（もしくは共通通貨建て）国債のみで、自国通貨建て国債のケースはない。中央政府は中央銀行に命じ、自国通貨建て国債を買い取らせることができる存在である以上、当然だ。

日本の国債発行を見ると、1985年以降、外貨建て国債の発行残高はゼロである。すなわち、日本国債はその100%が日本円建ての内国債なのだ。日本政府の国債保有者別内訳を見ると、わずか5・3%の外国人(海外)保有分を含め、100%日本円建てだ。日本政府は日本銀行を通じ、日本円の通貨を発行できる存在である以上、内国債のデフォルトを起こすことは「不可能」だ。日本銀行は日本政府の子会社である。国債を日銀に買い取らせると、政府の返済義務や利払い負担は消滅する。同じく「国債」と呼ばれるが、自国通貨建ての内国債と共通通貨建て国債では、全く異なる性質の「債務」なのである。現時点で、日本がギリシャと同じ状況に陥ることはない。

消費税増税でギリシャ化を防ぐ論のインチキ

無論、自国通貨建てだからといって、日本政府が無限に国債を発行できるわけではない。何しろ、中央銀行に通貨を発行させ、国債を買い取らせ、国内で需要を創出していく(=支出していく)と、総需要が供給能力に対し大きくなりすぎ、インフレ率が上昇していく。最終的にはインフレ率が「歯止め」となり、政府の国債発行や中央銀行の通貨発行に限界が生じる。とはいえ、現在の日本は「インフレ率上昇」に苦しんでいるだろうか、という話である。

ところで、日本政府が発行した国債が、なぜ100%日本円建てなのかと言えば、わが国が経常収支黒字国であるためだ。経常収支黒字国は統計的に過剰貯蓄状態を意味し、国内に「借りられない日本円（日本の場合）」が余っている。経常収支黒字国の政府は、国内の過剰貯蓄（自国通貨建て）を借り入れることができ、さらに中央政府に国債を買い取らせることが可能なため、財政破綻に陥ることはない。

すなわち、日本を「ギリシャ化」させるには、わが国の経常収支を赤字にすれば良いのだ。国内の供給能力を破壊し、貿易収支やサービス収支の赤字を巨額化させれば、わが国もいずれは経常収支赤字国になる。経常収支赤字国は国内が「過小貯蓄」状態になるため、日本政府は資金源を外貨建て国債に頼らざるを得なくなる。外貨建て国債がひたすら膨らむと、最終的にギリシャ同様に財政破綻（政府のデフォルト）に陥る。

それでは、わが国の供給能力を破壊しつくすには、どうすればいいだろうか。別に、戦争をする必要はない。現状のデフレがさらに深刻化すれば、企業は自らの供給能力を継続的に削らざるを得ない。そして、日本のデフレを深刻化させるのに最も手っ取り早い政策が、需要を縮小させ、デフレギャップを拡大する「消費税増税」をはじめとする緊縮財政なのである。

日本政府が消費税を増税し、支出を削り、デフレを深刻化させると、わが国の虎の子の供給能力が毀損していく。やがては貿易・サービス収支の赤字が拡大し、経常収支も赤字化。日本政府は外貨建て国債発行に踏み切らざるを得ず、わが国の「ギリシャ化」はめでたく達成される。

お分かりいただけただろうか。「ギリシャ化を防ぐために、消費税増税！」などと言っている連中こそが、まさにわが国のギリシャ化を推進しているという、この皮肉な状況を。

「国の借金」のウソ

増税を実現するためのプロパガンダ

日本の財務省とマスコミは、まさに十年一日のごとく「日本は国の借金で破綻する」キャンペーンを続けている。彼らは何と、1981年以来、既に35年間も「国の借金で破綻する」と主張し続けているのである。

財務省が「国の借金で破綻する」キャンペーンを継続している理由は簡単だ。単に、消費税増税を実現したいためである。とはいえ、現在のデフレ下の日本が増税をすると、デフレが悪化し、名目GDPが縮小をはじめ、政府は減収になる。

もちろん、増税をするべき時期というものもある。インフレ率が健全な範囲を超えて上昇している時期、あるいはバブル期だ。高インフレやバブル化など、国民経済が過熱している時期は、政府はむしろ増税を実施しなければならない。増税で国民の消費や投資意欲が冷めれば、景気が沈静化する。

ところが、日本の財務省は経済のインフレ、デフレとは無関係に、常に増税をしたがる。しかも、増税を実現するために「国の借金で破綻する」という、極めて悪質なプロパガンダを展開してくるわけである。

2016年5月10日、大手新聞、大手テレビが一斉に「国の借金15年度末で1049兆円　国民1人当たり826万円」といった報道を流した。大手マスコミの記者は財務省の記者クラブ「財政研究会」で渡された資料をコピー&ペーストして記事を作るため、必ず同じタイミングで、同一の内容の記事が新聞に載る羽目になる。

上記の「国の借金」「国民1人当たり826万円の借金」というのは、これはもう根本から間違っているミスリード、あるいはプロパガンダである。何しろ、財務省がいう「国の借金」とは、「日本国家の借金」ではない。あくまで「日本政府の負債」だ。

そもそも、日本国の借金とは「対外負債」を意味している。すなわち、日本国が外国に負っている借金だ。ちなみに、確報値がリリースされている2015年末時点のわが国の対外負債は、実に609・5兆円に及ぶ。

「何だ、やっぱり巨額の【国の借金】があるんじゃないか」

と、思われたかもしれないが、わが国は対外負債以上に「対外資産（外国が日本に負っ

ている借金)」が巨大だ。同時点の日本国の対外資産は、何と948・7兆円にも達している。結果的に、わが国の対外「純」資産は339・3兆円と、世界最大である。

正しい意味における「国の借金」を見れば、日本国は借金大国でも何でもない。むしろ、世界一の「お金持ち国家」という表現が正しいのである。

無論、日本「政府」は確かに巨額の負債を抱えている。とはいえ、別に財務省式に、「国の借金のツケを将来世代に先送りしないために、増税を」という話にはならない。そもそも「国の借金」とやらは日本国民の負債ではないのだ。しつこいが「日本政府」の負債である。そして、日本政府の負債は100%が日本円建てであり、かつ「債権者」のほとんどが日本国民だ。

「国の借金」の最終的な「債権者」は日本国民

日本政府の負債(財務省やマスコミがいう「国の借金」)とは、そのほとんどが日本国債だ。そして、日本国債は日本の民間銀行、生命保険、損害保険、年金などの金融機関に購入されている。要するに、日本の金融機関が、日本政府におカネを貸しているわけだ。

とはいえ、銀行にしても生損保にしても、あるいは年金にしても、自己資金を政府に貸し付けているわけではない。われわれ日本国民が銀行に「貸し付けた」預金や、徴収された保険料の運用先（＝貸付先）として日本国債を選んでいるにすぎない。

すなわち、財務省がいう「国の借金」の、最終的な「債権者」こそが日本国民なのである。財務省式のレトリックを使えば、

「日本国民は『巨額の債権』を将来世代に先送りする」

という話になる。

しかも、繰り返すが、日本国債は１００％が日本円建てだ。中央銀行を通じ、日本円を発行できる日本政府の「負債」が残ることが、なぜ「将来世代へのツケの先送り」になるのか。財務省をはじめとする増税推進派のレトリックは、二重の意味で奇妙なのである。

何しろ、日本政府は日本国債を日本銀行に買い取らせることで、負債の返済義務や利払い義務がなくなってしまう。日本銀行は、日本政府の子会社だ。先述の通り、日本政府は、日本銀行の株式の55％を保有している。

安倍政権下で金融政策（量的緩和）が継続しているため、16年3月末時点（速報値）で、日本政府が過去に発行した国債のおよそ3割が日本銀行により保有されている。この3割分の国債について、政府は返済する必要がない。子会社と親会社との間のおカネの貸

し借りは、連結決算で相殺されてしまうためだ。

もちろん、利払いも同じなのだが、日本政府は一応、日本銀行が保有する国債について律儀に金利を支払っている。とはいえ、日銀の決算が終わると、「国庫納付金」として返還される。

結局のところ、財務省は現実には存在しない「国の借金問題」あるいは「財政問題」をクローズアップさせ、自省の望み（増税や政府支出削減）を実現しようとしているだけなのだ。財務省がマスコミを通じて流すレトリックに国民が騙され続けると、わが国のデフレが深刻化し、国民の所得が減り、さらに税収減により財政が悪化する「増税」が実施されることになる。国民生活を維持するためのインフラにも支出されなくなり、荒廃した日本国が将来的に出現する。そんな未来を、日本国民は望むのだろうか。

2016年6月1日からの再出発

2年連続で個人消費が減少

2014年4月、安倍政権が消費税増税を強行したことを受け、筆者は「日本は【国民経済の崖】に突っ込む」と、警鐘を鳴らした。実際、2014年度はマイナス成長に陥り、日本国民は14年度、15年度と2年連続で個人消費（GDP上の民間最終消費支出）を減らした。過去の統計を遡っても、2年度連続で国民が個人消費を減らした前例は見つけられなかった。

2012年の安倍総理（当時は自民党総裁）はデフレ脱却策として、「金融政策」に加え、「インフラ投資を中心とする財政出動」「スーパーコンピューター京や再生医療など技術への投資という成長戦略」と、3つの政策を掲げた。上記3つを「三本の矢」と称し、アベノミクスが始まったのだ。

ところが、政権が発足した途端、「成長戦略」は「構造改革」へと顔を変え、2014

年度以降の財政は「超緊縮」になってしまった。政府が民間から税金などで所得を吸い上げた金額と、政府が民間向けに支出した金額との乖離は、2014年4月以降に極端に拡大した。増税した14年は10兆円超、名目GDP比2・1%、さらに15年も10兆円弱、同2%と、政府の吸い上げ分の方が大きくなっている。安倍政権の現在の財政政策は、戦後の混乱期を除けば、前代未聞の超緊縮なのだ。

「金融政策+財政政策+成長戦略」だったはずのアベノミクスが、「金融政策+緊縮財政+構造改革」へと変貌を遂げてしまったことになる。

デフレは貨幣現象という間違った認識に基づき、財務省が望む緊縮財政、竹中平蔵氏ら構造改革派が望む構造改革を実施してきたのが安倍政権だ。安倍政権は財務省、構造改革派という「声のでかい」あるいは「権力がでかい」勢力のために、本来は「国民のため」であったアベノミクスの中身を入れ替えてしまったのである。

結果、日本経済はデフレからの脱却を果たせなかった。「国民経済の崖」から這い出ることも叶わず、安倍政権は2016年6月1日の会見で、17年4月の消費税再増税は見送った。さらに、会見において、総理は、

「デフレからの脱出速度を最大限まで上げる」

「21世紀型のインフラ、リニア中央新幹線の建設前倒し、整備新幹線の建設を加速し、全国を一つの経済圏に統合する地方創生街道を実現」

「リスクに対応するため、財政出動などあらゆる政策を総動員する」

など、正しいデフレ対策である「需要創出」についても実施を明言。

筆者は17年4月の再増税に反対し、デフレギャップ（総需要の不足）を補うための財政拡大を主張してきた。特に、過去20年間、わが国が疎かにしてきた「インフラ」への投資を、継続的に実施することが重要であると提言してきたわけだ。

今後デフレ脱却に向かうのか？

6月1日の安倍総理の会見は、消費税増税については「延期」、さらにはインフラ投資による需要創出を明言した点で、全体的には筆者の提言と「同じ方向」になっている。6月1日は、わが国がデフレ脱却に向かい始めた、記念するべき日になるのだろうか。

分からない。

次なるポイントは、秋の臨時国会において「プライマリーバランス（以下、PB）目標）という愚かしい目標を破棄、もしくは無視できるかである。会見において、総理はP

［図］日本国債種別発行残高（2015年見込み）の推移

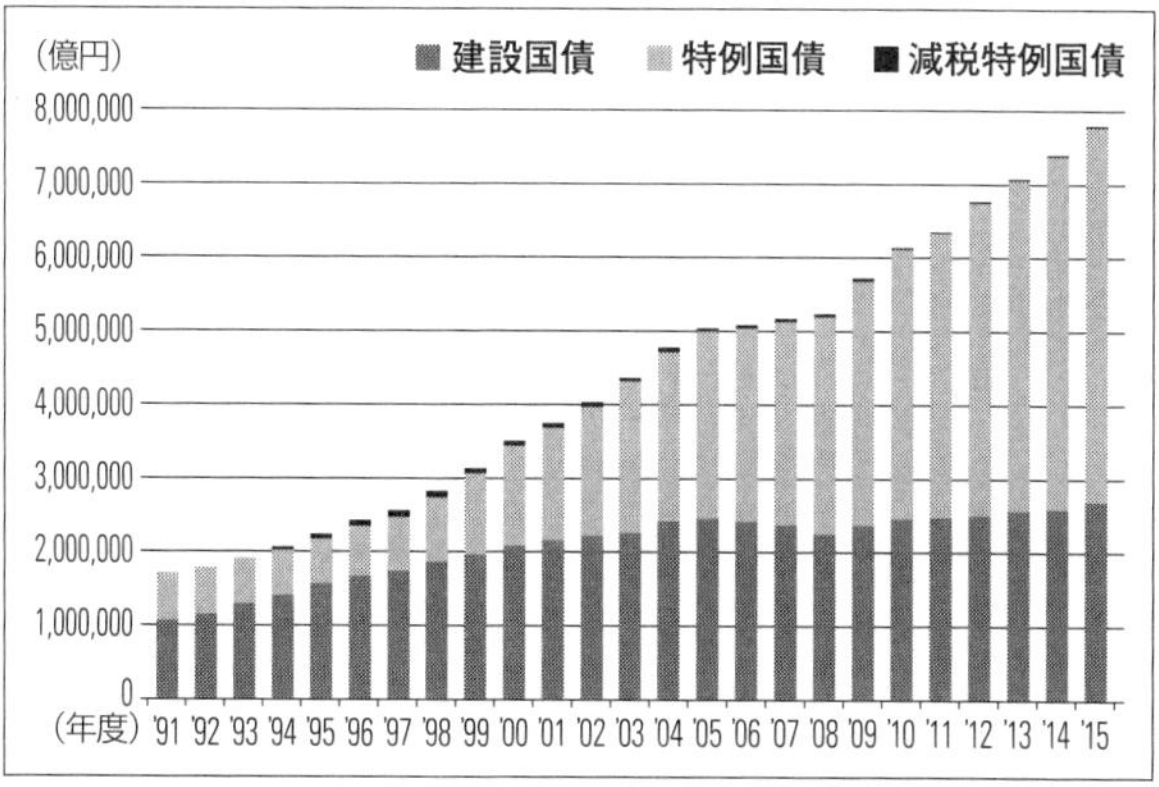

出典:財務省

B目標について「2020年度のPBの黒字化を目指す」と発言。少なくとも、中期的なPB目標については維持することを宣言した。

もっとも、短期のPB目標については、何ら言及していない。短期のPB目標にこだわった場合、臨時国会で「国債増発＋財政出動」という、当たり前のデフレ対策が不可能になる。結果的に、日本のデフレ脱却の日は遠のく。

ところで、政府がリニア新幹線大阪延伸開業前倒しに向け、財政投融資で資金を貸し付けるという報道が流れている。リニア新幹線は、そもそもJR東海という民間企業の事業であるため、「国債」ではなく財政投融資を活用するという話は理解できる。問題は、リニア新幹線以外に、建設国債で調達した資金を投じられるか否かだ。

総理は、会見で新幹線整備による「地方創生回廊」について言及しているが、整備新幹線は、さすがに国費を投じないわけにはいかない。新幹線整備のために、建設国債発行や公共投資を拡大するとなると、プライマリーバランス目標は、少なくとも短期的には「無視」という話にならざるを得ない（それでいいのだが）。

そもそも、インフラという固定資産が残る建設国債を、PB目標に含めている時点で異常なのだ。しかも、図（69ページ）の通り、わが国は建設国債の発行残高がほとんど増えていない。

日本が橋本政権以来、公共投資を延々と減らし続けた以上、当たり前である。日本政府の負債拡大の主因は、赤字国債であり、建設国債ではない。

「公共投資をやりすぎて、国の借金（政府の負債）が増えた」

といったレトリックは、明確な「嘘」なのだ。この種の嘘に政治家が踊らされ、秋の臨時国会で「建設国債＋公共投資」による予算を組めないとなると、結局、安倍政権は財務省の呪縛を振り払えないという話になり、デフレ脱却は実現しないだろう。

第3章
アベノミクスは巻き返せる⁉

アベノミクスの失敗

安倍政権はなぜデフレ脱却に失敗したのか？

２０１２年12月16日の第46回総選挙において、安倍自民党が圧倒的勝利を収め公明党との連立で衆議院の３分の2を確保した。結果的にデフレ脱却を目指す「金融政策」「財政政策」「成長戦略」の、いわゆるアベノミクス三本の矢が始まったわけだが、あれから3年半が経過したにもかかわらず、いまだに日本経済はデフレから脱却していない。

総務省が16年7月29日に発表した6月の全国消費者物価指数は、値動きの大きな生鮮食品を除く総合（コアＣＰＩ）が、前年同月に比べ０・5％の下落となった。

日本銀行の金融政策（量的緩和）の影響で、日本のマネタリーベース（政府発行の硬貨、日銀発効の紙幣、日銀当座預金残高の合計）は、２０１６年7月時点で４０４兆円に達している。黒田日銀発足時と比較すると、何と２５０兆円の増加である。

日本銀行は、２０１３年春以降、２５０兆円の日本円を新たに発行した。ところが、イ

[図] 日本のマネタリーベース(左軸)とインフレ率(右軸)

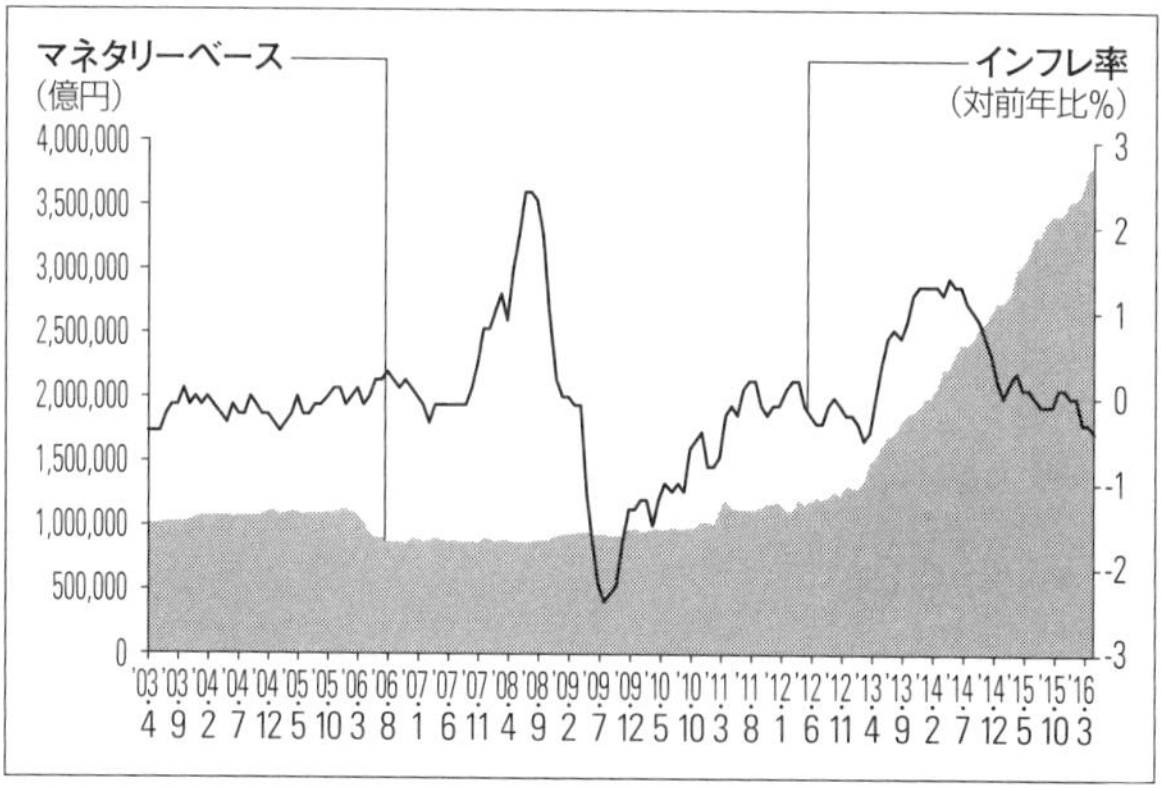

出典:統計局、日本銀行

ンフレ率は目標の2%に達するどころか、マイナス0・5%。コアコアCPI〈食料〈酒類を除く〉及びエネルギーを除く総合消費者物価指数〉にしても、+0・4%に伸び幅が下がってきている。

なぜ、250兆円ものお金を発行したにもかかわらず、インフレ率がマイナスなのか。理由は、デフレーションが「貨幣現象」ではなく、「総需要の不足」であるためだ。安倍政権が犯した最悪の間違いは、このデフレに関する認識の違いだ。

読者の中にも、いまだに、

「デフレは貨幣現象。日銀が金融緩和を拡大すれば、インフレになる」

などといった主張を信じている人が少なく

ないだろうが、日本銀行がお金を発行しただけで、インフレになるわけがない。

インフレ率とは、モノやサービスという「付加価値」の価格が上昇することなのだ。そして、モノやサービスの価格が上昇するためには、モノやサービスが沢山買われなければならない。

日本銀行が1000兆円のお金を発行しようとも、モノやサービスの購入が減れば、物価は下がる。そんなことは、当たり前の話だと思うのだが、安倍政権はものの見事に間違えた。

デフレ対策を日本銀行に丸投げし、アベノミクス第二の矢である「財政政策」を、14年度以降に緊縮に転じた。すなわち、国民にモノを買わせない政策（消費税増税）を実施し、政府自らも支出を削減したのだ。

デフレは貨幣現象ではない。総需要（モノやサービスの購入）の不足なのだ。

16年6月23日の国民投票で、イギリスのEU離脱派が勝利した。いわゆるブレグジットを受け、日本の金融市場では大幅に円高、株安、金利安が進んだ。直近の長期金利（新発十年物国債金利）は、何と▲0・253％と、背筋が凍りつく水準にまで低下している。

この状況に至っても、

［図］日本の銀行の貸出態度判断DI（2016年3月まで）

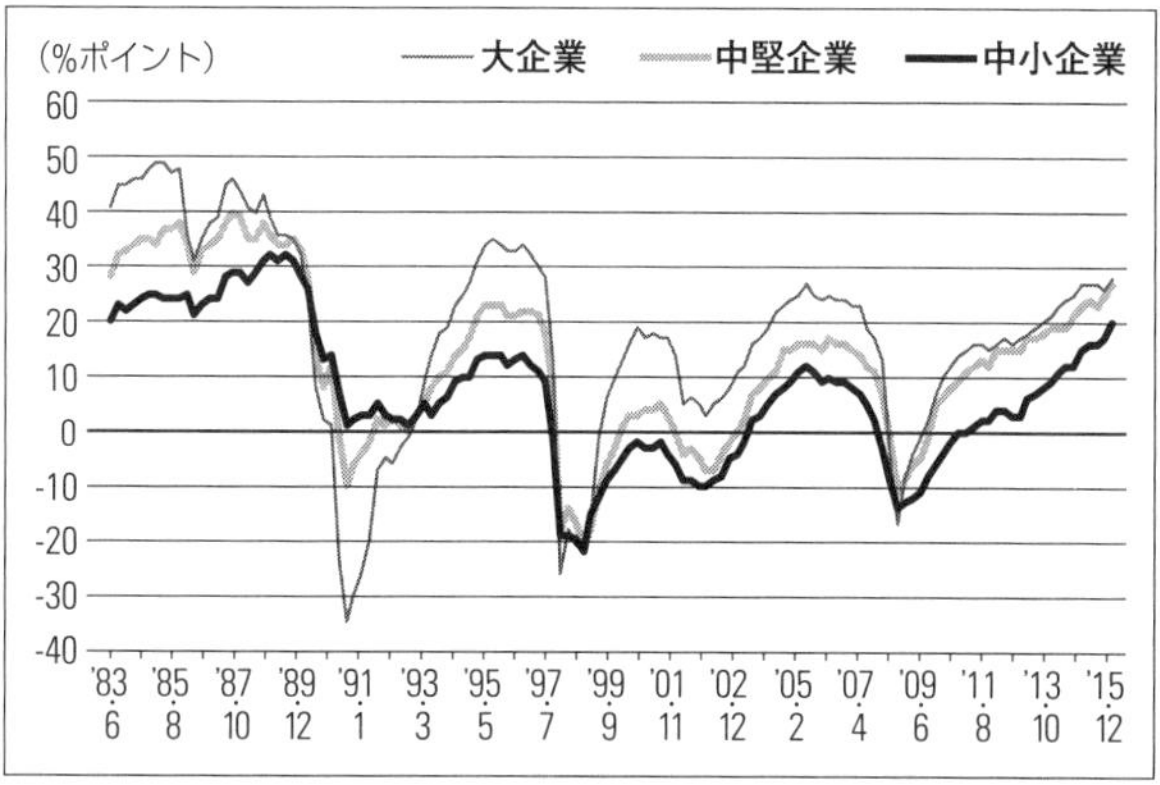

出典:日本銀行

「ブレグジットの影響を緩和するべく、日本銀行が金融緩和をしろ！」

などと、金融政策の拡大を主張する人が少なくないが、具体的に何をやれというのだろうか？　量的緩和の拡大か？

２０１６年３月末時点で、預金取扱機関の国債保有残高は２３０兆円にまで縮小してしまっている。年に80兆円ペースで量的緩和の国債買取を続けた場合、３年持たない。量的緩和の拡大は、日本銀行の金融政策が「終わらざるを得ない」時期を早めてしまうため、危険だ。

あるいは、マイナス金利の拡大か？

２０１６年１月29日。日本銀行は国内銀行が日銀に保有する当座預金（日銀当座預金）

の一部に、マイナス金利をかける決定を下した。銀行を「追い詰める」ことで、民間への貸し出しを増やし、消費や投資（＝総需要）を拡大することでデフレ脱却を果たそうという思惑だったのだろうが、見当外れもいいところだ。

図（75ページ）の通り、銀行の貸出態度は、既に中小企業に対してまで「バブル期並」に緩和されているのだが、これ以上、何をしたいのだろうか。銀行は別に、民間への融資を絞っているわけでも何でもないのだ。われわれ民間が、借りる気がないのである。理由は、デフレ継続で儲からないためだ。

結局、問題は「安倍政権」が消費税を増税し、緊縮財政を強行した結果、日本の再デフレ化を引き起こしてしまっているという点に尽きる。悪いのは、安倍政権だ。

デフレは貨幣現象ではない。日本銀行の金融緩和のみで解消できる経済現象ではなかった。それにもかかわらず、安倍政権は一部のブレーンや学者の言説を信じ込み、「デフレは貨幣現象」という前提で緊縮財政を強行し、デフレ脱却に失敗した。

ところが、わが国では、いまだに「日銀の金融政策拡大が必要」などと主張する者が少なくない。彼らにはぜひとも、250兆円もの日本円を新たに発行したにもかかわらず、インフレ率が▲0・5％という惨状について、論理的に説明してほしいと思う。

構造改革路線との決別を

デフレ期の規制緩和、自由貿易推進は逆効果

安倍政権は、デフレ期にもかかわらず「財政政策（第二の矢）」を絞り込み、緊縮財政に転じ、デフレ脱却に失敗した。加えて、安倍政権は「デフレ脱却」を標榜しているにもかかわらず、猛烈な勢いで「デフレ化政策」を推進しているのだ。

何の話かといえば、「成長戦略（第三の矢）」である。安倍政権は成長戦力に名を借り、規制緩和やTPP推進など、いわゆる構造改革を推進していっている。

ほとんどの日本国民が理解していないと思うわけだが、規制緩和、民営化、自由貿易推進（例：TPP）といった各種の構造改革は、インフレ対策である。

「日本経済の資本、労働力、技術力など生産に必要なリソースがフル活用された場合」のGDP成長率を潜在成長率と呼ぶ。すなわち、潜在GDPの成長率というわけである。当たり前だが、「日本経済の生産に必要なリソース」の正確な値など、この世の誰にも分か

らない。潜在GDPとは、あくまで仮想的な推計に基づき算出したものであり、前提の置き方ひとつで数値は大きく変わってしまう。

現在の日本は、潜在GDP（本来の供給能力）が現実の名目GDP（総需要）に対し過大となり、デフレギャップが発生している。先述の通り、直近のデフレギャップの規模は、「小さめ」に発表される内閣府の数値で6兆円だ。政府ですら、デフレギャップの存在を認めている。日本の物価が継続的に下落している理由は、人口減少でも少子化でも、財政悪化でも経済の成熟化でもなく、単にデフレギャップが発生しているためなのだ。

デフレギャップの規模は、潜在GDPの種類（「最大概念の潜在GDP」か、「平均概念の潜在GDP」か）によって、大きく変わってしまう。経済学者の中には、わが国のデフレギャップは100兆円を超えると主張する人もいるが、実のところ正確な金額はそれほど重要ではない。わが国のデフレの主因が、デフレギャップであるという認識こそが大切なのだ。

15ページの図を見れば、わが国のデフレ問題を解決するには、「需要を増やせばいい」ことが、子どもでも理解できると思う。無論、デフレ期に民間が主導的に需要（消費と投資）を増やすことはあり得ないため、「通貨発行」の権限を持ち、自国通貨建て負債の増加など無視することができる日本政府以外に、問題を解決できる経済主体は存在しない。

潜在成長率を重要視する論者たちは、デフレギャップがある状況で「規制を緩和しろ！」「自由貿易を拡大しろ！」と、サプライサイド（供給能力）の強化を求めてくる。規制緩和や自由貿易拡大で日本国内の競争が激化すれば、間違いなくわが国の物価は下落する。需要が増えていない環境で、供給能力だけを高める以上、当然だ。

そもそも潜在GDPを引き上げるという施策は「インフレ対策」なのだ。15ページの図の左側のインフレギャップが発生している国であれば、規制緩和や民営化、あるいは自由貿易拡大など、サプライサイド政策、すなわち「構造改革」を推し進め、物価抑制に努めればいい。とはいえ、わが国はインフレなのか。

「雇用確保」中心の政策が成功の鍵

要するに、潜在成長率論者たちは、頭の中がいまだに「インフレ」のままなのである。例えば、代表的なサプライサイド政策である競争激化政策を打つと、企業は労働者の数を増やさずに、あるいは「減らしながら」供給を高めようとしてしまう。インフレ期の国が競争激化で生産性を向上させ、供給能力を増強することができれば、物価が抑制され、まことに結構な話である。とはいえ、わが国はいまだにデフレだ。

デフレで需要が不足している状況で、日本で国家全体の供給能力が高まると、競争に敗れた企業が倒産し、あるいはリストラクチャリングの推進により、失業者が増える。失業者は消費を減らすため、ますます需要が拡大しにくくなり、デフレギャップは拡大する。

無論、インフレ期であろうとも、国家全体の供給能力が高まれば、廃業する企業、働く場を失う労働者が増えていく。とはいえ、インフレ期にはまだしも「雇用のパイ」全体が増えているわけであり、再就職の可能性はデフレ期に比べれば高くなる。失業者が再就職しやすい環境にあるならば、例えば「雇用の流動性強化」といった構造改革論者お好みの政策を推進しても構わないのだ。あるいは「ゾンビ企業」は廃業させてしまえば、業界全体の効率化が達成されるといった側面もある。

とはいえ、デフレ期の場合、失業した元労働者たちは新たな雇用の場を見つけられず、長期失業者になってしまう。人間は長期間失業し、所得を得られない状況が続くと、飢え死にしてしまう。結果、彼らは政府の社会保障に頼るしかなくなり、生活保護受給者が増えるという結果を招く。安倍政権がデフレ促進策である構造改革路線と決別しない限り、わが国がデフレから脱却する可能性は高まらない。

インフレ率と雇用

美しいフィリップス曲線が描ける日本

デフレを愛する国内のマスコミの中には「インフレ率が上がったとしても、雇用は改善しない」などとむちゃを言う人が少なくない。１００％と断言することはできないが、わが国がＧＤＰデフレーターベースのインフレ率２％を達成した場合（※消費税増税によるインフレ率上昇ではダメだが）、失業率は２％前後に下がる。理由は、フィリップス曲線だ。フィリップス曲線とは、失業率とインフレ率をマッピングすることで描ける、右下がりの曲線のことになる。特に、日本は「美しいフィリップス曲線」を描けるのだが、健全な資本主義国は「インフレ率が高い時期は失業率が低く、インフレ率が低い時期は失業率が高く」なるのだ。

インフレ率は、ＧＤＰデフレーター、ＣＰＩ（消費者物価指数）、あるいはコアコアＣＰＩなど、複数の指標がある。特に、日本の雇用と関係が深いと思われるのが、ＧＤＰデフレーターである。GDPデフレーターとは、名目GDP成長率を実質GDP成長率で除すことで求められる指標で、通常の国（インフレの国）はプラスで推移する。それに対し、日本は1998年のデフレ深刻化以降、延々とGDPデフレーターがマイナスで推移することを続けていた。すなわち、わが国は98年以降デフレが継続しているのだ。本来のフィリップス曲線は、縦軸にインフレ率（GDPデフレーター等）、横軸に失業率をとるが、本稿では筆者が特に「失業率」に注目したいため、縦軸に失業率を取っている。

左図の通り、日本は本当に美しいフィリップス曲線が描ける。GDPデフレーターがマイナスの時期、わが国は失業率が上がる傾向がある。逆に、GDPデフレーターがプラスで推移すると、わが国は雇用環境が改善するわけだ。

日本銀行は「コアCPI」でインフレ目標2%を設定しているが、わが国がGDPデフレーターベースでインフレ率2%を達成すると、失業率は2%台に下がり、完全雇用の状況に至る。理由は明々白々で、インフレ率の上昇は企業の投資効率改善をもたらすためだ。

インフレ率のプラス化とは、物価が継続的に上昇するという話である。これを「反対側」から見ると、インフレ率上昇は「通貨価値の継続的な下落」になる。日本円の価値が、ときを経るごとに下がっていくのである。そして、通貨価値の下落は企業（あるいは

［図］日本のフィリップス曲線（1998年〜2014年）

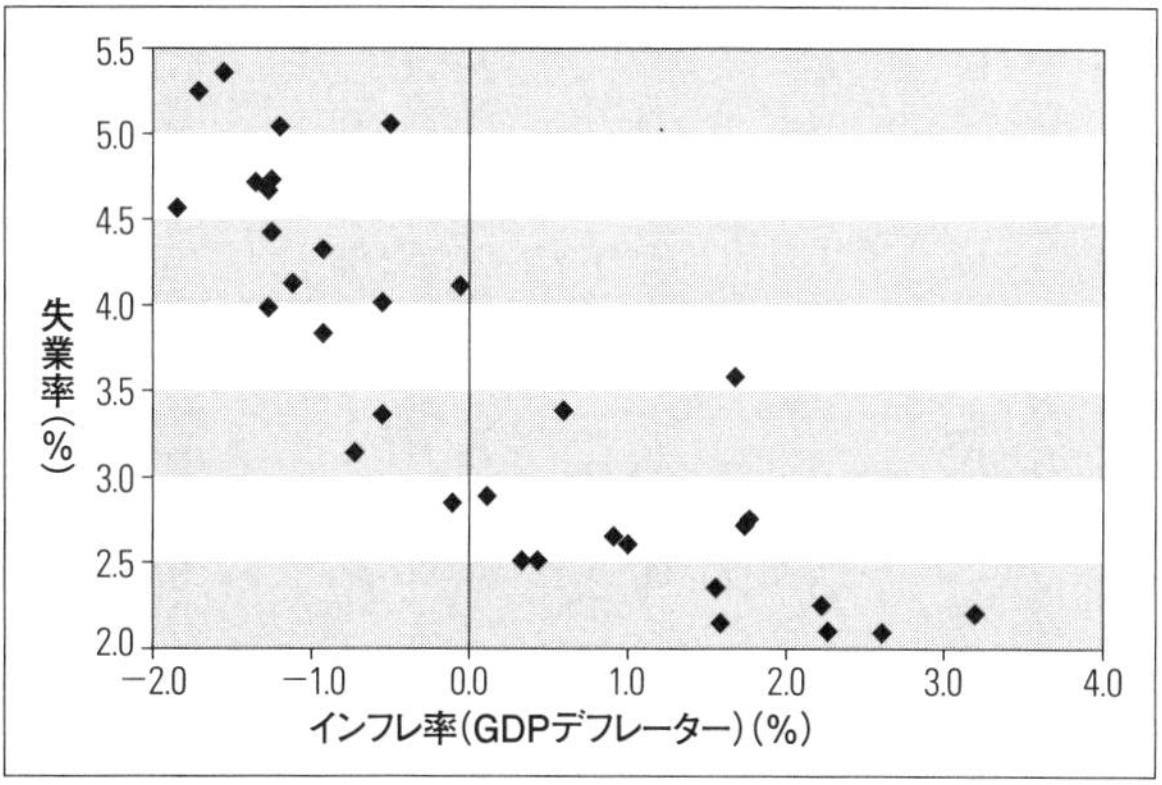

出典:IMFのデータから著者作成

家計）にとって、「借金をすると、何もしなくても負債の実質的な価値が下がっていく」ことを意味するわけだ。さらに、物価が上昇すれば、企業は「同じ製品を同じ数売った」だけで、売上が増える。借金をすると、その価値が勝手に下がり、売上も成長しやすいのだ。すなわち、企業の投資効率が高まったという話になり、国内では設備投資が拡大し、雇用が創出されていく。

国内で「完全雇用」に近い状態を達成

無論、企業の投資効率が高まったとしても、国内に企業が「存在しない」状況では、雇用は改善しない。インフレ期に失業率が下がるのは、あくまで「企業の国内の投資」が実施されるためであり、インフレ率上昇そのものが理由ではない。ここでいう「投資」の中には、もちろん「人材への投資」も含まれている。

わが国は、各種の産業分野に健全な競争力を持つ企業が存続している。総需要が拡大することで、インフレ率が上昇し、投資効率さえ改善すれば、日本企業はきちんと国内に投資し、雇用を生み出してくれるだろう。無論、企業が設備投資を決断したとしても、海外直接投資におカネを投じられてしまうと、国内の雇用は増えない。資本移動の自由化が進んでいるため、日本政府は国内の企業に「設備投資は国内に限定せよ」などと命じることはできない。とはいえ、(国内への)設備投資減税や雇用関連の減税を実施することで、企業の国内投資意欲をある程度は高めることが可能だ。

現実の日本企業は、アベノミクス下の円安状況ですら、対外直接投資を増やし続けた(左図参照)。日本政府が本気で国内の設備投資を増やしたいならば、設備投資減税の拡大は必須だ。

ちなみに、日本のように「美しいフィリップス曲線」が描ける国は、そう多くはない。アメリカの場合、国内の製造業が減りすぎ、インフレ率が上昇しても「貿易赤字が増えるだけ」という構造になってしまっている。国内の需要を輸入で賄ってしまうと、生まれる

[図] 日本の対外直接投資の推移

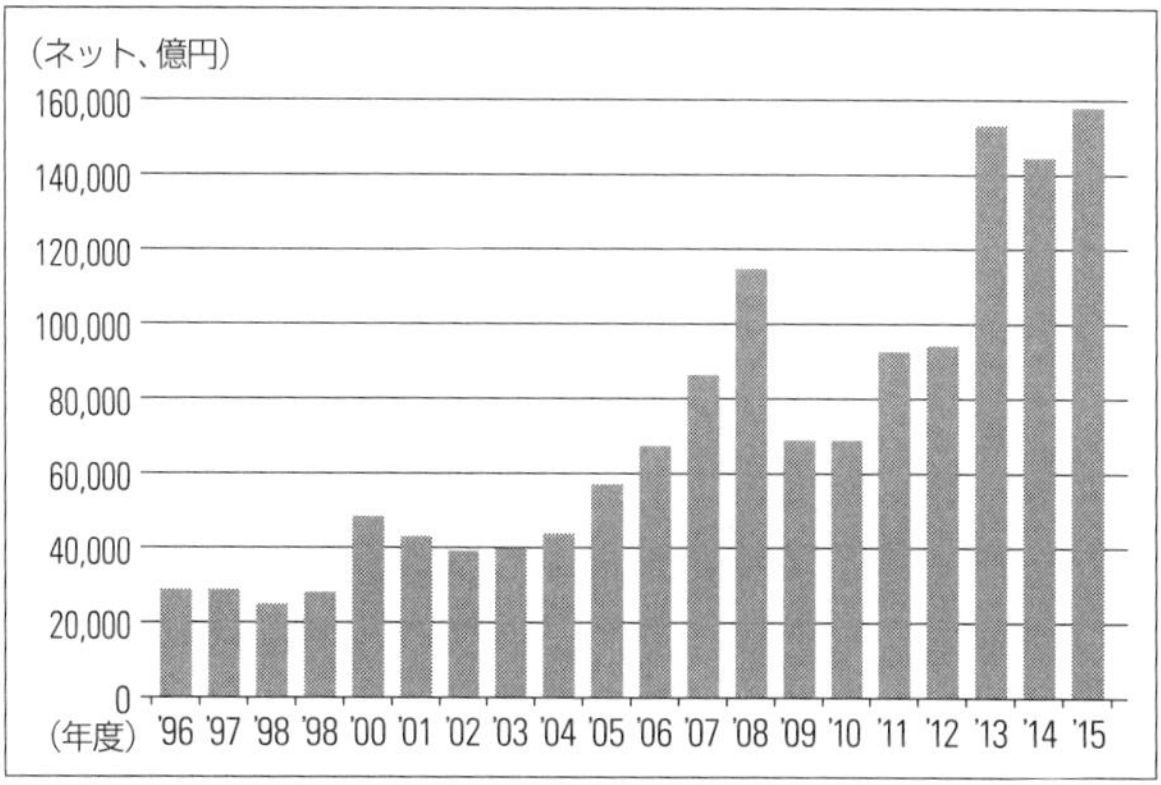

出典:財務省

のは「外国の雇用」であり、国内の雇用ではないのだ。とはいえ、日本は違う。

わが国のインフレ率がＧＤＰデフレーターベースで２％に達すれば、失業率は２％に接近するだろう。さすがの日本といえども、失業率２％とは「完全雇用」に近い。完全雇用下における生産性向上こそが、経済成長をもたらす。逆に言えば、日本政府は完全雇用を達成するまで、総需要拡大のための財政出動を中心とするデフレ対策の手を緩めてはならず、同時に「余計なデフレ化政策（構造改革など）」を推進してはならないという話だ。

グローバル定義と異なるコアコアCPI

政府と日銀の共同声明に問題あり

日本政府と日本銀行は、2013年1月22日、物価安定目標を2%と設定する、いわゆるインフレ目標を宣言する「デフレ脱却と持続的な経済成長の実現のための政策連携について」というタイトルの共同声明を発表した。

その後、日本銀行は国内の銀行から（主に）国債を買い取り、日銀当座預金残高を増やす「量的緩和」政策に乗り出したのだが、2016年6月のインフレ率は、▲0・5%。日本銀行はインフレ目標達成時期について先送りに先送りを重ね、本稿執筆時点では「2018年3月まで」となっているが、もはや誰も信じていまい。

ところで、日本銀行のインフレ目標の「インフレの定義」は奇妙だ。13年の政府との共同声明には、インフレ目標について、

「日本銀行は物価安定の目標を消費者物価の前年比上昇率で2%とする」

と書かれていた。この「消費者物価の前年比上昇率」が曲者なのだ。何しろ、日本銀行が言う消費者物価とは、「コアCPI（生鮮食品を除く総合）」を意味しているのである（CPI：消費者物価指数のこと）。

同じくCPIと呼ばれているが、日本の消費者物価指数には大きく3つの種類がある。しかも、グローバルなCPI指標とは定義が異なるため、ややこしいことこの上ない。以下が日本のCPIの定義である。

- CPI（総合指数）：エネルギーや生鮮食料品など、日本の需給関係と無関係に価格が変動しがちな商品を含む消費者物価の総合指数。
- コアCPI（生鮮食品を除く総合指数）：生鮮食料品を除いた消費者物価指数。エネルギー価格の影響は受ける。
- コアコアCPI（食料（酒類を除く）及びエネルギーを除く総合指数）：天候や外国の影響を受けやすい食料（酒類を除く）及びエネルギーを除く消費者物価指数。

実は、日本以外の国々にとって、コアCPIと言えば「食料（酒類を除く）及びエネルギーを除く総合指数」のことなのである。ところが、なぜか日本は上記の「グローバルなコアCPI」のことを「コアコアCPI」と呼び替えている。

さらに、わざわざ「生鮮食品を除く総合指数」を「コアＣＰＩ」と名付け、インフレ率の指標として用いられているのだ。

間違った定義によるインフレ達成は欺瞞

グローバルには、インフレ・デフレの最終的な判断は「コアＣＰＩ」で測られる。とはいえ、この数値は日本にとっては「コアコアＣＰＩ」であり、日本式コアＣＰＩではない。ならば、日本銀行がコアコアＣＰＩでインフレ・デフレの判断をするのかと言えば、こちらは日本式コアＣＰＩなのである。すなわち、今回の共同声明では「生鮮食品を除く総合指数」でインフレ率２％の目標が設定されたわけだ。

日本式コアＣＰＩでインフレ率を測ると、問題が発生する。例えば中東で戦乱が発生し、わが国に原油や天然ガスなどの鉱物性燃料が入ってこなくなると、エネルギー価格が跳ね上がる。日本式コアＣＰＩはエネルギー価格を含んでいるため、外国の戦乱で原油価格が高騰してしまうと、消費者物価指数も上昇する。

逆に、原油価格が下がれば、コアＣＰＩは下がる（実際に低下した）。

デフレ脱却を標榜する以上、インフレ率は、

［図］日本の消費者物価指数の推移

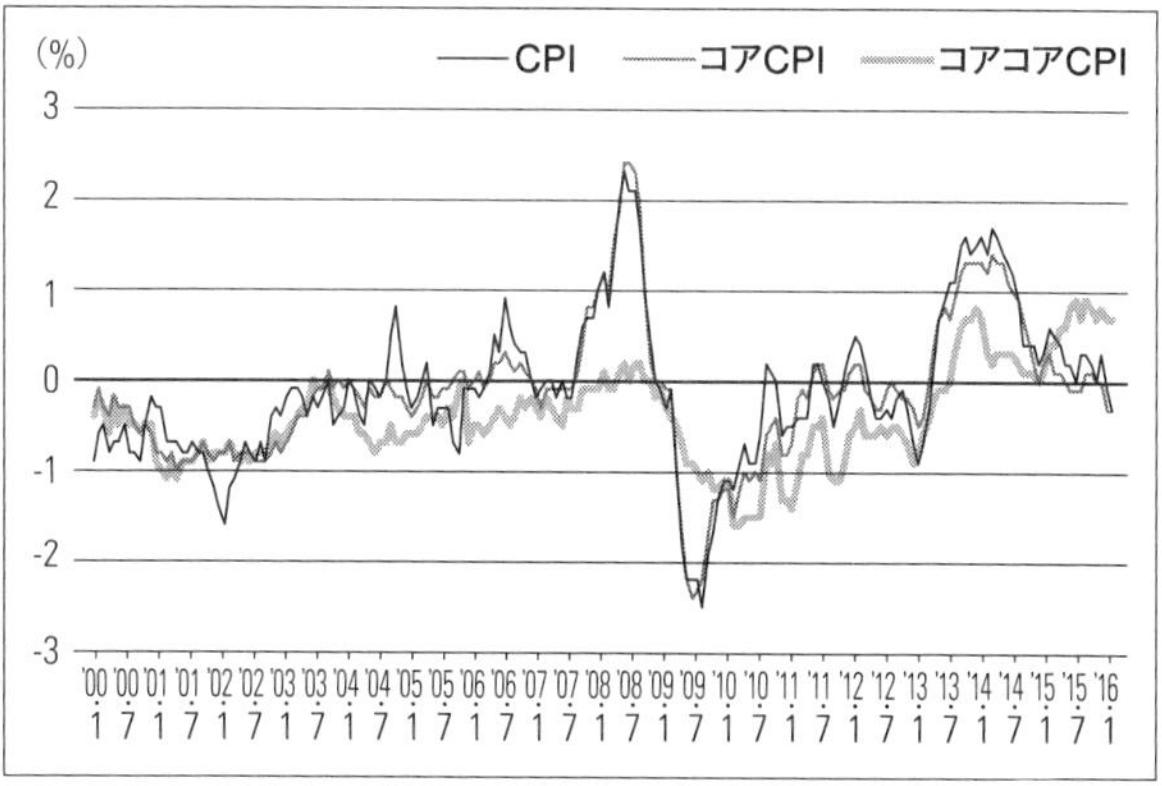

出典:統計局

「国内需要が拡大し、供給能力不足することで上昇する」

ことを目指さなければならない。外国のエネルギー価格の変動でインフレ率が上下するのでは、まともなデフレ対策を打てるはずがない。

バブル崩壊後のCPI（総合）、日本式コアCPI（生鮮食品を除く総合）、コアコアCPI（食料（酒類を除く）及びエネルギーを除く総合）の変動率をグラフ化した。

図の通り、CPI（総合）とコアCPI（生鮮食品を除く総合）は、ほぼ同じ動きをしている。

しかも、2008年にCPIと日本式コアCPIが大きく跳ね上がっていることが確認できるだろう。なぜ、この時期にCPIと日本式コアCPIが跳ね上がったのか。もちろん、資源バブルの影響である。

エネルギー価格の影響を露骨に受ける日本式コアCPIを「インフレの指標」にされ、「コアCPIが2％に達した。インフレ目標達成だ！ デフレ脱却だ！ 増税だ！」などとやられては、たまったものではない。日本式コアCPIではなくコアコアCPI（グローバルなコアCPI）を見れば、08年時点でさえ辛うじて横ばいで、物価は全く上がっていなかった事実を確認できるだろう。

デフレに苦しむわが国では、インフレ率の目標はコアコアCPI（グローバルなコアCPI）で設定するのが正しい。しかも、短期ではなく「継続的」にコアコアCPIが2％前後で推移するようになって初めて、デフレ脱却と判断できるのである。

混合診療解禁論の不思議

混合診療と財政問題を絡める奇妙な理屈

2016年4月、政府は公的保険がきく診療と、保険適用外の自由診療を併用させる混合診療である「患者申出療養」をスタートさせた。ついに、わが国でも本格的な混合診療が始まったことになる。

これまでも、自由診療を保険診療と併用することはできた。とはいえ、日本政府は混合診療を原則的に認めていなかったため、両診療を併用すると、保険診療分に対しても政府の公的医療費は支払われない。保険適用分含めて、全額自己負担となったのである。

上記を改め、両診療を併用した場合に「保険適用分は政府の公的医療費で支出するべきだ」というのが、混合診療推進派の主張だ。それに対し、日本医師会などは「患者が受けられる医療サービスに、金銭的事情から格差が生じる」と反対している。

筆者はもちろん混合診療の解禁には反対で、

「単に自由診療を保険適用に組み込んでいけばいいだけの話ではないか」

と、考えている。特に、外国で実績がある抗がん剤などについては、速やかに保険適用とし、患者の負担を最小限に抑えたまま、国民幅広く先端の医療サービスを受けられるようにするべきという意見なのである。ところが、上記の主張を口にすると、即座に、

「財政問題があるのだから、そんなことができるはずがない！　自由診療を次々に保険適用にしていたら、財政がもたない。公的医療費を抑制するためには、混合診療を解禁するしかない」

という反論が飛んでくる。

とはいえ、この手の反論は極めて「奇妙」だ。何しろ、混合診療を拡大していったとしても、別に政府の医療費が抑制されるわけではない。

落ち着いて考えてみれば、誰でも理解できるはずだ。混合診療を全面解禁すると、政府の公的医療支出はむしろ拡大することになる。何しろ、これまでは自由診療と保険診療を混合させた場合に、保険診療分についてまで公的医療支出が実施されなかったわけだ。すなわち、両診療を併用した場合、患者が全額自己負担をするか、もしくは治療を諦めていたはずなのである。

裏に必ずいる「改革で儲かる誰か」

自由診療と保険診療を混合させた場合に、保険診療分については政府の公的医療費でカバーする。これが混合診療の拡大であるが、当たり前だが、「これまでの政府は自由診療と混合された保険適用分の診療費を支払っていなかった。混合診療が解禁された場合、これまで払っていなかった保険適用分の診療費について、政府が公的医療費の支払いを求められる」

という話になり、政府の公的医療費は拡大することになる。

混合診療の解禁や拡大の理由に「財政問題」を挙げる人は、頭が悪いのか、それともすべてを理解し、混合診療を「ビジネスチャンス」として見ているのかのいずれかだろう。

現実に財界などが全面解禁を求めている以上、「ビジネスチャンス」として見ている人が多いのだと思うが、実際に混合診療を全面解禁すると、

「国内の医療格差が拡大し、なおかつ政府の公的医療支出は増大する」

という事態に陥る。最終的には、わが国の医療サービスは米国的に、医療費の自己負担分が一方的に膨れ上がる構造になるだろう。すると、国民は高騰する医療費に不安を抱

き、米国から狂喜した「民間医療保険サービス」の会社がわが国に雪崩れ込むことになる。

もちろん、最先端の自由診療を審査し、次々に保険適用にしていくと、混合診療解禁以上のペースで公的医療支出が増えていくことになる。とはいえ、何しろわが国はデフレである。デフレが継続している以上、わが国に財政問題などない。政府はデフレ期には国債発行、通貨発行による財政出動で公的医療費の伸びを賄えばいい。デフレから脱却し、日本経済が健全なインフレ率の下で成長を始めれば、税収が伸びる。デフレ脱却後は、税収で公的医療費をカバーしていけば済む話だ。

ところが、安倍政権は16年度に診療報酬引き下げを実施している。これもまた「デフレ下」の緊縮財政であり、デフレ促進策だ。

いずれにせよ、筆者は、

「混合診療の解禁の理由として財政問題を持ち出すのはおかしい」

と主張しているだけで、財政が医療費拡大のボトルネックになるなどとは考えていない。

米国では、まさしく「財政問題」をお題目に、各種さまざまな「改革」が実施され、国内の格差社会化が急速に進んだ。「財政問題」を「改革」の理由に持ち出す人には、ぜひとも注意してほしい。彼らの裏には、必ず「改革で儲かる誰か」が存在しているのだ。

格差のつくり方

貧富の差を生み出す政商の存在

現在のミャンマーと米国には、共通点がある。国内の一部の産業で独占環境がつくられ、所得格差が拡大しているという点だ。

筆者は2014年5月に取材でミャンマーに行ったのだが、同国の「所得格差」に驚愕してしまった。ミャンマーの格差は日本人には想像もつかない水準で、中国や南米とジニ係数で争えるほどに、国民の所得に開きが出ている。

ヤンゴンの街を自動車で走ると、朽ち果てたマンションが密集する貧困地帯と、道路ひとつ挟んだところに「大豪邸」が建っているのを頻繁に見掛ける。日本では絶対にあり得ない規模の大豪邸で、豪奢な庭園に巨大なプールがあり、

「ここは、ビバリーヒルズか？」

と思いたくなるほどなのだ。もっとも、ビバリーヒルズは「地域」として富豪やハリ

ウッドスターなどの豪邸が集まっているわけで、貧困層と富裕層が隣り合わせで住んでいるわけではないだろうが。

ミャンマーの「極端な所得格差」をもたらしたのは、何だろうか。実は、「政商」の存在だ。政商とは、政治家と結び付いた企業家、投資家のことであり、法律や認可等で各種の「既得権益」を保有し、独占的、寡占的に「巨額の所得」を稼ぐ人々を意味している。

ポイントは「政治と結び付き、既得権益を確保する」という部分になる。例えば、以前のミャンマーでは「輸入」が認可制だった（今も一部、認可制が残っている）。一般のミャンマー国民が勝手に外国から製品を輸入することはできず、政府（厳密には軍官僚）の許可が必要だったのである。

軍官僚に取り入り（当然「賄賂」を使う）、ミャンマーへの製品輸入の権利を獲得した一部の政商が、独占的に輸入業を営むことで、巨万の富を築き上げたという話だ。何しろ、政府の認可がなければ輸入業を営めないため、政商は軍官僚と「うまくやる」ことで、いわゆる過剰利潤を獲得し放題になる。もちろん、認可を出した軍官僚のほうも、大いに個人としての富を増やす。

例として、ミャンマーへの中古車輸入ビジネスを考えよう。ちなみに、ミャンマーは恐らく日本を超えるほどに「日本車率」が高い国だ。

公共交通機関が発達しておらず、民族資本の自動車企業が存在しないミャンマーでは、外国からの輸入中古車が経済やビジネスの必需品である。そういう意味で、ミャンマーはギリシャに似ている。ギリシャもまた、公共交通機関が貧弱で、国民車が存在しない（ギリシャ国内はドイツ車だらけだ）。

日本の「中古車」に対する需要が大きいミャンマーで、中古車輸入を「独占」することができれば、これはもうまちがいなく「巨万の富」を築ける。そして、軍事独裁のミャンマーでは、輸入を含むあらゆる経済活動が「認可制」だった（今は多少、緩和されたが）。結果的に、認可を下す「誰か」と結び付いた政商が、所得を独占することを可能とし、ミャンマーの所得格差は世界最高水準にまで開いてしまった。

例えば、政府権力と結び付いたミャンマーの「政商」が、1万チャットの中古車を輸入し、国内市場において3万チャットで販売したとしよう（実際にはチャットで輸入はできない。また、中古車を購入するには最低1千万チャットが必要だが、話を簡単にするために1万チャットで輸入し、3万チャットで販売したものとする）。

1万チャットで輸入した製品を、ミャンマーの消費者に3万チャットで販売すると、政商の所得は2万チャットとなる（3万チャットではない）。政商はミャンマーにおける「中古車の輸入販売」ビジネスを独占しているため、輸入価格の2倍の所得（利益）という暴利をむさぼることができるわけだ。ミャンマー国内に自動車の需要がある限り、国民は政商に不当な利益を献上し続けなければならない。ミャンマー国民側に、別の販売者から中古車を購入するという選択肢はない。

この「選択肢がない」状況こそが、政商側に巨額の利をもたらすのである。そして、政商の過剰利潤獲得を防止したい場合、政府が打つべき施策は「規制緩和」になる。中古車の輸入ビジネスを自由化し、市場競争を激化させることで、政商の過剰利潤が減り、国民が得をする。

誰のための民営化、自由化か

さて、昨今、米国を中心に盛んな「レント・シーキング」は、まさに上記の「競争がない環境」を実現することで、投資家や企業家に過大な富をもたらしている。レント・シーキングとは、「企業が独占利益や超過利益を獲得するためのロビー活動」という定義になる。

特に、米国における公共サービスの民営化は、消費者側に選択肢がない状況でサービス価格引き上げを容易にし、「一般消費者」から「公共サービスに投資した企業や投資家」への所得移転を拡大した。結果的に、米国では所得格差が開いていった。

厄介なのは、公共サービスの民営化によるレント・シーキングをもくろむ投資家や企業家が、「市場競争」や「規制緩和」をお題目として掲げることだ。「市場競争こそ重要だ」という彼らの口車に乗り、政府が公共サービスの民営化を実施すると、一部の投資家、企業家が独占的に所得を稼ぐ「市場競争がない環境」が逆につくり上げられてしまう。

公共サービスに対するレント・シーキングの波は、もちろん日本にも押し寄せてきている。安倍政権は電力サービスの発送電分離や農協改革など、構造改革路線を邁進しているが、「この「改革」は果たして、誰のための民営化、自由化なのだろうか」と、落ち着いて検証することが求められている。国民ではなく、投資家や企業家のレント・シーキングを実現する民営化だった場合、「市場競争」的に正しくても、国家としては間違った政策になる。

土建国家を復活せよ！

圧倒的に不足する供給能力

２０１３年９月７日。アルゼンチンのブエノスアイレスで開催されたＩＯＣ総会において、20年のオリンピック、パラリンピックの東京開催が決定された。ＩＯＣのロゲ会長が「ＴＯＫＹＯ－２０２０」の紙を示した瞬間、多くの日本国民が歓喜の叫びを上げたことだろう。

筆者も歓喜の思いに浸ったが、１つ、深刻な懸念が頭をかすめたのも事実である。わが国の建設サービスの供給能力が大きく毀損してしまった現状で、東北の復興、インフラのメンテナンスや耐震化などの国土強靭化、そして東京五輪に向けたインフラ整備を同時並行的に進められるのか、という懸念である。

実際、国土交通省によると、12年４月から13年１月までの期間において、公共事業の落札業者が決まらない「入札不調」が、岩手県で15％、宮城県では38％に上った。宮城県では、入札のおよそ4割が「落札者なし」という事態になってしまったのだ。

入札不調は中小規模の工事のほうが深刻だ。12年の1年間を通した被災三県発注の土木工事のうち、1億円未満の中小規模の事業が入札不調の約76・3％を占めている。特に、福島県では入札不調の90％超が1億円未満の中小規模である。

わが国の建設業許可業者数は99年に60万社でピークを打った。その後は業者数が減る一方で、15年には46万8千社にまで減少してしまった。99年以降、何と10万社以上の業者が倒産、廃業してしまったのである。消滅した企業の多くは、中小規模の事業を請け負う中小企業だった。ゼネコンはいまだ健在だが、中小規模の事業者が姿を消し、被災地の入札不調に拍車がかかってしまったのだ。

建設サービス従事者も100万人以上少なくなり、存続している企業も、特に現場の技術者が13年に一時的に超人手不足状態に陥ってしまった。当時は、人手確保のために、建設企業が賃金を引き上げれば、「工事量が増えても利益が確保できない」有り様だった。

すなわち、現在の日本はもはや土建国家でも何でもないのである。結果的に、土木・建設サービスの供給能力が需要を満たせない状況に至っている。こんな有り様で、果たして東北の復興、国土強靭化、東京五輪、さらには安倍総理の言う「地方創生回廊」の実現が可能なのだろうか。

興味深いことに、土木・建設サービス分野が人手不足になっていると報じられると、途端に、

「だから、日本は公共投資を増やせない！」

との声が増えてくる。財務省主導の緊縮財政推進に、土木・建設分野の人手不足が利用されているわけだが、わが国は世界屈指の自然災害大国なのだ。自然災害大国である以上、土木・建設分野の供給能力の縮小（人手不足）を放置していいはずがない。

人手不足の解決策は、日本の土建企業に、投資や雇用拡大により「人材」を育成してもらうことだ。とはいえ、土建企業はバブル崩壊後、特に橋本政権以降の公共投資削減と規制緩和（公共事業の一般競争入札化）により痛めつけられ、「需要」に対する信頼が失われている。多くの企業が、

「現在はたまたま需要が大きいが、各事業が終わればまたもや仕事不足に陥り、再度のリストラを迫られるのでは」

と、疑っている限り、わが国の建設サービスの供給能力は充分なまでには復活しない。

本問題の解決には、政府が技術的、法律的、制度的な手を打つ必要がある。具体的には、

・国土交通省が労務単価を上昇させ、現場にきちんと適用する
・公共事業のB／C（費用便益分析）のB（便益）に、防災や経済成長などを加える
・公共事業に際し、工事現場所在地の都道府県内に本店がある地元業者との契約を促す（指名競争入札の復活と拡大）
・リニア新幹線や整備新幹線などの「プロジェクト」で、複数年度予算を実現する
・独占禁止法を緩和する（「過度な談合取締」等を中止させる）
などだ。政府が率先して建設企業の体力を強化し、設備や人材への投資拡大のインセンティブを向上させる施策を打たなければ、企業側の疑心暗鬼を解きほぐすことは不可能だろう。

建設サービスへの尊敬を取り戻せ

とはいえ、それ以上に大切な課題が1つある。この課題を達成しなければ、技術的に、法律的に、制度的に土建企業復活を促進しても、恐らく失敗に終わる。

課題とは、国民が「築土構木（土木の語源）」や建設サービスに対する尊敬の念を取り戻すことだ。2011年3月11日、東日本大震災が発生し、東北地方は大津波に襲われ、

多くの人命が失われた。

東日本大震災発生時、真っ先に現場に駆け付け、被災者の救助のために尽力してくれたのは、地元の土建企業である。世界屈指の自然災害大国であるわが国では、土建企業の供給能力とは、まさに「国民の安全保障」と直結する問題なのである。政府や自治体に「予算」があったとしても、地元を知る土建企業が存在しなければ、自然災害の猛威に抗するすべはなく、国民の生命や安全に危険が及ぶ。

日本国民は今こそ自国の国土的条件に基づき、土建企業に対する尊敬の念を取り戻さなければならない。いざというとき、自分たちの生命や安全を守ってくれるのが「誰なのか」を理解すれば、さして難しくはないはずだ。

そして、今後の大手メディアで展開される公共事業批判論、土建批判論に対し、真っ向から反発する必要がある。朝日新聞などが「土建国家復活か！」などと印象操作の報道をしてきた際に、「国民の生命と安全を守るために、土建国家復活だ！」と堂々と返せる「空気」にならなければ、予定されている各プロジェクトは失敗に終わるだろう。

混乱のアベノミクス

日本の憲政史上、最も個人消費を減らした総理大臣

安倍総理大臣は16年6月1日に国会閉幕後の記者会見で、17年4月に予定されていた消費税増税の延期を発表したが、何が総理の背中を押したのだろうか。恐らく、というか確実に14年4月以降の消費縮小だ。

14年4月の消費増税の影響で、14年度の個人消費は実質値で▲2・9％と激しい落ち込みになった。統計に整合性がある1955年まで遡っても、実質の個人消費が3％近く落ち込んだ例はない。

さらに、15年度の実質の個人消費も、▲2・9％下がった14年度比較してさえ、▲0・3％の減少になってしまったのだ。14年度に3％近く実質の個人消費が縮小した以上、15年度にある程度の「反動」があっても良さそうなものだが、実際にはなかった。

55年まで統計を遡っても、2年度連続で個人消費が落ち込んだケースは、一度も確認で

きなかった。安倍政権は、少なくとも55年以降、恐らくは「日本の憲政史上」、初めて実質の個人消費を2年度連続でマイナスに叩き落してしまった記念すべき政権ということになる。

実質の個人消費が減るとは、どういうことか。

名目（金額）ではなく、実質（量）の減少。すなわち、14年度、15年度と、日本国民は次第に「買えるパンの量が減っている」という話になるわけだ。

ちなみに、1955年以降、日本の実質の個人消費がマイナスになったのは、86年度、97年度、08年度、14年度、15年度の5回のみ。97年度は、橋本政権の消費税増税、公共投資削減という緊縮財政の影響である。08年度は、もちろんリーマンショック。

86年度は、何があっただろうか。プラザ合意は85年度であるため、その翌年ということになる。プラザ合意で超円高になり、経済パニックを煽るような報道が繰り返された結果、さすがに日本国民は実質の消費を減らしたのだ。（その後、バブルが始まった）

86度年、97年度、08年度と、過去3回起きた実質の個人消費の縮小は、「一年限り」で終わった。その後は、すぐに実質の個人消費がプラスに回復したのである。

ところが、14年度の実質の個人消費のマイナスは、15年度にも継続した。今回の消費の落ち込みは、なぜ「連続」したのだろうか。逆に、86年度、97年度、08年度はなぜ一年で終息したのか。理由は「実質賃金」である。

86年度、97年度、08年度は、実質賃金の上昇期であった。それに対し、14年度は実質賃金の下落期だったのである。実質賃金低迷期であるにもかかわらず、物価を強制的に引き上げる消費税増税が強行された結果、実質賃金はさらに落ち込んだ。

財務省やマスコミは、

「消費税を増税し、社会保障を安定化させれば、消費が増える」

などと妄想を広めているが、日本国民が消費を増やさないのは、単に実質賃金が伸びていないためだ。貧乏になった国民は、消費を減らす。当たり前の話だ。

「消費税率を上げることで、消費を増やす」

などというロジックが、いかに荒唐無稽か。今回、安倍政権と日本国民は身をもって証明したわけである。

日本の実質消費は、２０１６年に入っても落ち込み続けている。総務省が16年6月1日に発表した16年5月の家計調査によると、２人以上世帯の消費支出は１世帯当たり28万１８２７円で、物価変動を除いた実質では前年同月に比べて１・１％減少してしまった。

繰り返すが、実質消費支出が下がっているとは、国民が「パンを買えなくなってきている」という意味を持つ。安倍政権の経済政策の失敗により、国民は次第にモノやサービスを「量」（金額ではなく）で購入することができなくなってきているのだ。

まさに、貧困化である。左図では、２０１６年2月について「うるう年」効果を省いてある。実は、うるう年効果を除くと、日本国民は昨年9月から9カ月間連続で実質消費を一年前よりも減らしているのだ。

何を言いたいのかといえば、現在は既に消費税率10％への引き上げが「延期」された状態にあるということだ。２０１４年11月に、安倍政権は消費税の再増税を延期し、総選挙に打って出た。

結果、２０１５年10月に予定されていた消費税増税は、来年4月に一旦、延期されたのだが、それで「この惨状」なのだ。既に現在は、消費税が延期された状態で、それでも国民は実質の消費を減らし続けている。

安倍総理は6月1日に記者会見し、消費税率10％への引き上げを、2年半延期したが、単なる延期では「現状」が継続することになる。消費税については、少なくとも凍結、で

［図］日本の実質消費支出の推移

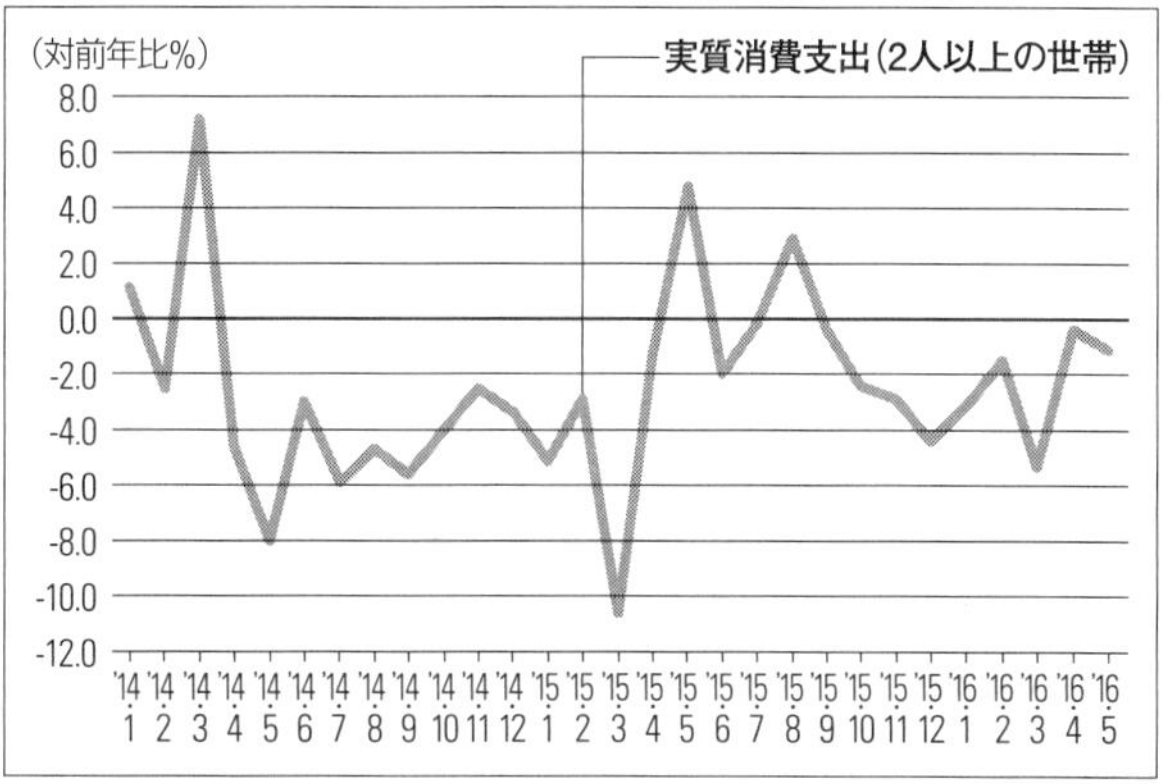

出典：統計局

きれば「減税」が必要な状況だ。

消費税減税は、減税が実施されるまでの消費（特に高額消費）を激減させてしまうため、タイミングを見計らうか（早めにやる、という意味）もしくは住宅ポイント、自動車ポイントなどと組み合わせる必要がある。それにしても、日本国民の実質消費を拡大したいのであれば、政府は真剣に「消費減税」を検討しなければならない。

先にも書いたが、消費税増税推進派は、「国民が消費を増やさないのは、将来の社会保障に不安を持っているため。消費税増税で社会保障を安定化させれば、消費は増える」と、主張していた。特に、財務省の御用学者たちは、ほとんどがそうであった。

現実は、どうだったか？　14年4月の消費増税は、単に長期の実質消費の減少を引き起こしただけだった。当たり前である。

しつこいほど強調したいわけだが、われわれ国民が消費を減らしているのは、「将来不安」以上に実質賃金が下落しているためである。所得が減っている国民が、消費を増やすはずがない。そして、14年4月の消費税増税強行は、国民の実質賃金を一気に引き下げた。消費税増税による物価上昇に、国民の給与の伸びは全く追いつかなかったのだ。

消費税増税により実質賃金を引き下げられ、つまりは貧乏にさせられ、

「これで社会保障が安定化する。では消費を増やそう」

などと消費拡大に動く国民など、「一人も」いないだろう。

要するに、日本国民は、

「貧乏になっているから、消費を減らしている」

にすぎないのだ。

現在、消費税増税による実質賃金、実質消費の低下についてもさまざまな「言い訳」がなされている。この手の詭弁レトリックを廃し、政治家が現実を素直に見ようとしない限り、わが国の国民の貧困化は終わらないだろう。

第4章

公共事業は本当に「悪」なのか?

イデオロギー的公共投資否定論を打破せよ

日本ほど自然災害の多い先進国はない

日本は国土面積が世界の0・3%にも満たないにもかかわらず、マグニチュード6以上の大地震の2割は日本周辺で発生する。さらに国土が細長く、真ん中に脊梁山脈が走っており、河川の上流から河口までの距離が極めて短い。その上、日本列島は台風の通り道に位置している。

結果、大地震が繰り返し発生するのに加え、台風が来ると川の上流から河口までが一気に豪雨域に入ってしまい、水害や土砂災害が多発する。日本国民は過去から連綿と公共事業により「国民の安全を守る」事業を続けてきた。関東の大河利根川は、現在は銚子市から太平洋に抜けているが、以前は江戸湾に流れ込み、江戸の町に大水害を多発させていた。そのため、江戸幕府（及び明治政府）は利根川を太平洋に流す大工事（利根川東遷事業）を継続し、200年以上もかけて完成させたのだ。

大地震や河川氾濫に加え、日本には活火山が多数存在し、さらに豪雪地帯に大都市がある。日本ほど自然災害に定期的に見舞われる先進国は、地球上に存在しない。

欧州のフランスには地震がない。さらに、川は広大な平野（何と国土の7割超が平野だ）をゆったりと流れていく。台風も来ないため、水害など発生しない。現在、そんなフランスと、日本の公的固定資本形成対GDP比率がほぼ同じになってしまった。公的固定資本形成とは、公共投資から用地費などの所得移転系の支出を差し引き、GDPの有効需要になる金額のみを計上したものだ。

日本の公共投資は、既にピーク時（1996年）の半分未満に減らされてしまった。対GDP比は4％台で、先述の通り「地震も台風もない」フランスとほぼ同じ値だ。2015年のわが国の公共投資の総額は、何と30年以上前の1981年の水準をも下回っている（図115ページ参照）。内乱や戦争でもやっていない限り、こんなバカなことをした国には日本しかない。特に、欧米諸国は公共インフラのメンテナンス時期を迎えたこともあり、公共投資を伸ばしていっている。さもなければ、国内のインフラストラクチャーを維持できないのだ。

公共投資の増減は「決して」イデオロギーで決めてはならない。単に、必要ならば増やす、不要ならば減らす、と実践主義的に決めなければならないはずなのだが、現在の日本には公共投資、公共事業を「イデオロギー的」に毛嫌いし、「日本の公共投資は多すぎる！」などとウソを叫んで回る人が少なくない。結果的に、日本の公共投資は必要最低限すら満たせない規模にまで縮小し、国民の生命が危険にさらされている。

しかも、震災復興や耐震化の必要性に加え、欧米諸国に時期が少し遅れ、日本もまた過去に建設したインフラのメンテナンス期を迎えている。別に、道路や橋梁、港湾やトンネルなどのインフラストラクチャーは、一度建設すると、永遠に使えるというわけではないのだ。

コンクリートの劣化や鋼材の腐食により、インフラの寿命はおよそ50年と考えられている。欧米諸国は先にインフラの「寿命」の時期を迎え、公共投資を拡大することで対応しているわけだ。日本の場合、インフラの多くが高度成長期に造られたため、寿命を迎える時期は２０１０年代となる。すなわち、今である。

インフラの寿命で国土分断の危険

国土交通省の調べによると、政府が管理する全国の道路橋における築後50年を迎えたも

［図］日本の公的固定資本形成と公的固定資本形成対GDP比率の推移

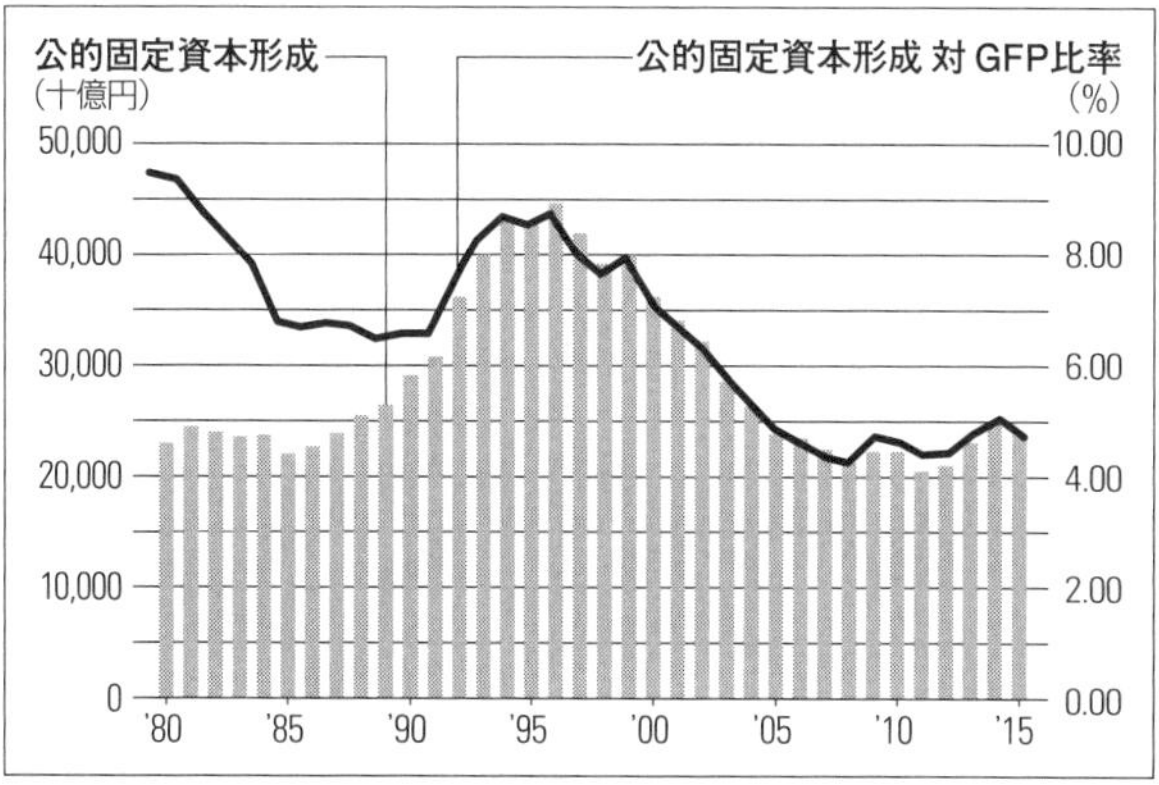

※93年までは平成12年基準、94年以降は平成17年基準　出典:内閣府

のは8%に達する。自治体管理分については9%だ。(日本には15万5千の長さ15メートルを超える大型の橋梁がある)。既にして、全国の大型の橋のうち、173橋が通行止めになっており、大型自動車通行禁止が1129橋に達している。読者は、この「現実」をご存じだっただろうか。

怖いのは、地方公共団体の管理する橋梁の場合、予算不足でメンテナンス以前に「点検」さえ行われていないところが少なくないことだ。点検を行わず放置し、人間や自動車が渡っている際に「落ちた」場合、確実に人が死ぬことになる。これは、別に脅しているわけではなく、例えば07年8月1日には、米国のミネアポリスで「ミシシッピ川」に架けられた長さ579メートル《メートル》、幅33メートル《メートル》の大型の橋（何と8車線）が崩落し、9人が死亡し、100人以上が負傷するという大事故が発生した。インフラとは、点検やメンテナンスを継続しなければ、利用不可能になる以前に「危険」なのだ。

このまま日本でイデオロギー的公共投資不要論が蔓延ると、大地震以前に「寿命」で国内の大型の橋が一つひとつ、通行止めになっていき、国土が分断されてしまう。幸い、一部の政党でインフラ老朽化対策や耐震化を政策の中心に置く動きが始まったが、大手紙の論調は相変わらずイデオロギー的な公共投資不要論で一色だ。

日本国民は今こそイデオロギー的な「反・公共投資論」を打破し、「必要な事業を実施する」という「常識」を取り戻さなければならない。

さもなければ、自然災害やインフラ崩壊で国民の生命に危険が及ぶ。世界屈指の自然災害大国日本は、イデオロギー的な反公共投資が許されるほど、甘い国土ではないのだ。

続・イデオロギー的公共投資否定論を打破せよ

「コンクリートから人へ」は死んだ

自民党が国土強靭化基本法を通した途端、予想通りイデオロギー的なマスコミによる批判が始まった。自民党が13年6月4日に国土強靭化基本法を衆議院に提出した際には、マスコミはほぼ無視をしていたわけだが、法律が可決された途端に、ほぼすべての新聞が自民党の国土強靭化基本法及び「公共事業・公共投資」そのものを盛大に批判し始めたのである。理由であるが、主に以下の2つと推測する。

1つ目は、12年に民自公が合意した「社会保障と税の一体改革」法案第十八条2に、「成長戦略並びに事前防災及び減災等に資する分野に資金を重点的に配分することなど、わが国経済の成長等に向けた施策を検討する」

と、明らかに自民党の国土強靭化基本法を意識した文言が盛り込まれていたことである。緊縮財政至上主義の財務省にとって、自民党の国土強靭化基本法（減災、防災、複数国土軸などを目的とした投資拡大など）は、おぞましい政策以外の何ものでもないだろう。とはいえ、「社会保障と税の一体改革」法に国土強靱化の概念が含まれてしまったため、同法が成立した場合に、自動的に行政機構は「事前防災及び減災等に資する分野に資金を重点的に配分する」を実行に移さなければならない。すなわち、国土強靱化基本法の成立と施行だ。というわけで、財務省は配下のマスコミ（主に新聞やテレビ）を使い、自民党の国土強靱化や公共投資を批判し、「国民の安全や生命を守る投資」を抑制しようとしたのである。

2つ目の理由は、民主党の「コンクリートから人へ」という、国土条件を無視したスローガンが有名無実化しつつあることだ。国土交通省は、民主党が建設をストップした八ツ場ダムや高速道路建設の凍結解除に加え、整備新幹線の3区間（北海道新幹線の新函館－札幌間、北陸新幹線の金沢－敦賀間、九州新幹線長崎ルートの諫早－長崎間）の着工を認可した。さらに、安倍総理大臣は16年6月1日、消費税増税を延期すると共に、リニア新幹線早期建設や新幹線整備により「地方創生回廊」を建設すると断言。もはや、民主党への政権交代を成し遂げた原動力の1つ「コンクリートから人へ」は、死んだ。

そもそも、日本は世界屈指の自然災害大国である。「コンクリート（公共投資）」から

「人（社会保障）」へなどという、イデオロギー的な公共事業削減を続けられる国土ではないのだ。

国民の生命すら守れない貧しい国に

断っておくが、筆者は別に公共事業、公共投資について、「どんな時期にも、どんな経済環境であっても、常に増やさなければならない」などと主張しているわけではない。これでは、それこそイデオロギー的な公共投資推進論になってしまう。筆者が「現時点で」公共投資の拡大を訴えているのは、主に以下の理由による。

1．デフレが続き、民間の資金需要が少なく、さらに日本銀行の金融政策により、長期金利が異常なまでに低くなっている（本連載執筆時点で、何と▲0・253％！）
2．デフレギャップが存在し、国内供給能力に余剰が生じている
3．高度成長期に建設された道路や橋梁、港湾などのインフラストラクチャーがメンテナンス時期を迎えている
4．2011年の東日本大震災を経て、日本列島が地震活動期に入った可能性が高い。

過去の東日本における大地震と「首都直下型地震」は、100%の確率で10年以内に連動している

5．同じく東日本大震災の影響で、国民の「安全」を求める潜在需要が高まっている

例えば、地震活動期とインフラストラクチャーのメンテナンス時期を同時に迎えた国が、インフレ率と金利が高く、国内の供給能力に余力がなかった場合は、どうなるだろうか。その場合、国民がどれだけ渇望しても、政府は国債を発行し、国内の耐震化やインフラのメンテナンスのために支出することはできないという話になってしまう。無理やり政府が国債を発行し、公共事業などの支出を増やすと、それこそインフレ率が際限なく上昇する羽目になる。

ところが、現在の日本はデフレである。長期金利は世界最低水準で、物価は下落傾向が続いている。建設産業や資材産業はデフレ長期化で疲弊し「長期の仕事」を切望している。

インフラのメンテナンスと耐震化を「国民の生命を守るために」政府が実施しなければならない国が、デフレなのである。現在の日本のデフレは、まるで神様が日本を称えてくれているのではないかと思いたくなるほどの「幸運」なのだ。

それにもかかわらず、日本ではイデオロギー的な公共投資、公共事業否定論を主張する

[図] 日本の公共事業支出の推移

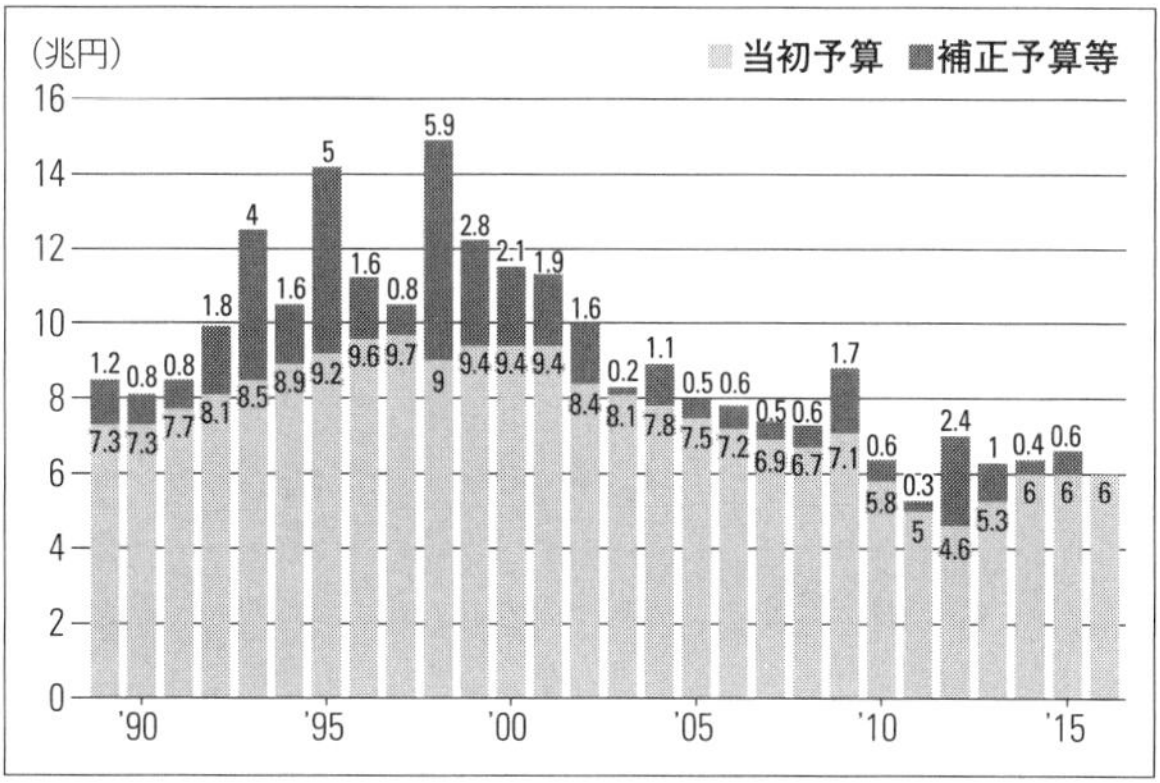

※2016年は見込み　　出典:国土交通省

論者が少なくない。結果、日本の公共事業費は橋本政権以降、容赦なく減らされて、今やピーク時の半分以下である（図参照）。

「新幹線整備は、バラマキ金権政治の復活だ」「ゼネコンを儲けさせ、政治腐敗を蔓延させるだけだ」「バラマキ公共投資により、政治家や官僚の『利権』が膨らむ」。この手の「どこかで聞いたようなフレーズ」で国土強靭化や公共投資を批判する「イデオロギー的公共投資否定論」を打破しなければならない。さもなければ、日本は国民の生命すら自国では守れない「貧しい国」に落ちぶれることになるだろう。

今、日本国民が考えなければならないこと

耐震化だけでも巨大な需要

２０１２年８月29日、政府の有識者会議はマグニチュード９クラスの南海トラフ巨大地震（東海、東南海、南海地震の同時発生）が発生した場合、死者数が最大で32万人を超えると発表した。津波による死者だけで、23万人に達するという。

また、政府の地震調査会は、首都直下型地震について、30年以内の発生確率を70％と予想している。文部科学省の地震・防災研究課は、首都直下型地震について、

「これまで考えられていた震源より、10キロメートルも浅い位置に、地震を起こす可能性のあるプレートの境界があることが判明した。震源や地盤の強さなどを踏まえたうえで試算したところ、23区のほとんどが震度６強、一部が震度７の可能性が出てきた」

と語っている。震度７の地震が発生した場合、国会議事堂も危険になる（国会議事堂の耐震化の際の想定震度は６・５）。なぜ、国会議事堂の想定震度が震度６強なのかと言え

ば、1981年に改正された建築基準法で「震度6強の地震が来ても即座に建物が破壊されない」という基準が定められたためだ。東日本大震災が発生した以上、1981年の改正建築基準法は「時代遅れ」になってしまっている。

専門家によると、震度が6強から7に増えただけで、建造物の全壊率は3倍から4倍も上がってしまう。震度7の場合「最低でも」30万棟の建築物が破壊され、地震の発生時刻によるが、1万人以上が建物の下敷きになり、命を失う危険があるのだ。

現在の日本は、近い将来に起こり得る首都直下型地震、南海トラフ巨大地震に備え、国力のすべてを国土の強靭化につぎ込まなければならない局面だ。しかも、巨大地震や大規模自然災害への対処を行うことで、デフレという20年も続く病から脱することもできるのだ。耐震化ひとつとっても、現在の日本には巨大な「需要」が存在している。耐震化関係だけでも、

- インフラ（首都高など）のメンテナンス
- 皇居及び国会議事堂、官公庁ビルの耐震化
- 首都機能のバックアップ建設（大阪もしくは岡山に）
- 学校、病院の耐震化工事

・電柱の地中化（美観の問題に加え、地震発生時の救援活動の妨げになるため）
・原発の耐震化（脱原発をするにも、取りあえずは原発を「より安全」に動かさなければならない）

に加え、補助金による「建て替え促進」事業が必要だ。（建て替え促進助成金）

何しろ、現在の日本で震度6強の地震が発生した場合、1981年以前の「旧耐震基準」の木造では、全壊は約65％以上、全半壊は90％以上になるのだ。震度7を超えると、改正された耐震基準に基づいて建てられた建造物すら危ない。

特に、81年以前の建物の場合、住民の命の保証は全くない。約65％以上の方々が下敷きになり、圧死する可能性がある。

その命の保証がない1981年以前の住宅が、1500万～2千万戸（建築時期不詳含む）もあるのだ。これらを建て替えるとなると、膨大な建設需要が発生する。

財源確保は建設国債と日銀の国債買入で

民間の建造物はもちろんのこと、公共建造物の耐震化も急がねばならない。特に重要なのは、子どもたちが学び、いざというときの避難所になる学校だ。民主党政権は、発足直後から耐震関係の予算を「補正予算凍結」「事業仕分け」にかけ、減らしに減らした。結果的に、現在の日本の小学校を見ると、耐震化が完了している地域は、わずかに静岡県、1県しかないのである。避難所である学校が耐震化されていないなど、ブラックジョークにしか聞こえない。

政権交代後、自民党（国土強靭化基本法）や公明党（防災・減災ニューディール）など、一部の政党が大規模自然災害への対策を実施すると表明した。ところが、現実の安倍政権は公共事業費を増やさず、2015年には公共投資（GDP上の公的固定資本形成）も減らしてしまった。何しろ、安倍政権は「プライマリーバランス黒字化」というナンセンスな目標に縛られ、建設国債を発行することができないのだ。

現在の日本がデフレである以上、大規模自然災害へ備えるための財源など、建設国債発行（60年償還）と日銀の長期国債買入以外には考えられない。わが国が「物価下落」に悩んでいる以上、インフレ率上昇を恐れて建設国債発行や通貨発行（国債買取）に二の足を踏むなど、ナンセンス極まりないのである。安倍政権は日銀の長期国債買入（量的緩和）は推進したが、16年に至るまで一度も建設国債を新規発行しなかった。

図（69ページ）の通り、日本の建設国債発行残高は05年以降、横ばいのままだ。わが国がどれほど「国民の生命と安全を守るための投資」について疎かにしてきたかが分かる。

だが、まだ間に合う。そもそも、国家の役割の優先順位一位は「国民の生命と安全を守る」ことだ。そのために「建設国債発行と日銀の国債買入」という普通の手法により、財源を確保すればいいだけなのである。しかも、日銀が国債を買い取れば、建設国債発行は実質的に日本政府の負債増にはならない。何を躊躇する必要があるのか、筆者にはさっぱり分からないのだ。

国土強靭化は実現するか?

34m級の津波の可能性も

2013年秋の臨時国会において、国土強靭化基本法（正式名称は「強くしなやかな国民生活の実現を図るための防災・減災等に資する国土強靭化基本法」という）が成立し、さらに南海トラフ地震対策特別措置法と首都直下地震対策特別措置法も国会を通過した。上記、国土強靭化三法に則り、安倍晋三内閣総理大臣は2013年12月17日に国土強靭化推進本部の初会合を開き、国土強靭化政策大綱が決定された。国土強靭化は正式に「政府の方針」となったことになる。

大綱には、国土強靭化の目標についてこう書かれている。

「いかなる災害等が発生しようとも、（1）人命の保護が最大限図られること、（2）国家及び社会の重要な機能が致命的な障害を受けず維持されること、（3）国民の財産及び公共施設に係る被害の最小化、（4）迅速な復旧復興を基本目標として、「強さ」と「しなやかさ」を持った安全・安心な国土・地域・経済社会の構築に向けた「国土の強靭化」（ナショナル・レジリエンス）を推進することとする」

現実の国土強靭化の道のりは厳しいものになるだろう。何しろ、日本国民の多くが「巨大地震という非常事態」について、真剣に「想像」していない。東日本大震災を経てさえ、「自分が犠牲者になる可能性」について考慮していない国民が多数派ではないか。

13年12月19日、内閣府の有識者会議が「差し迫っている」と考えられているＭ《マグニチュード》７級の首都直下型地震が都心南部で起きた場合、首都圏（1都3県）を中心に61万棟が全壊・焼失し、２万３千人が死亡するとの新たな被害想定を公表した（相模トラフでＭ８級巨大地震が発生すると、死者数は最大７万人に膨れ上がる）。

さかのぼること７カ月前、５月28日、政府は南海トラフ巨大地震の被害想定について「死者数約32万人、負傷者数約62万人、建物の全壊が約２３９万戸」と、想像を絶する数値を明らかにしている。経済的被害は、首都直下型も南海トラフも、ともに数百兆円規模に達するとのことだ。

例えば、高知県の黒潮町や土佐清水市では、南海トラフ地震発生時に「34メートル級」の津波が押し寄せる可能性があるのだ。高知県全域の想定浸水面積は約１万５７８０ヘクタールで、全国最大になる。

M8以上の南海トラフ地震が発生する可能性は「30年以内に60～70%」である。この確率を高いとみるか、低いとみるかは価値観により変わるのかもしれないが、少なくとも政府や行政担当者たちは「切迫している」と考えなければならない。何しろ、この種の非常事態に備え、国民の安全保障を高めることもまた、経世済民を主目的とする政府の存在理由の1つなのだ。

土木需要はわが国の事業者で担え

無論、政府を支える国民側も、来たるべき危機と真正面から向き合わなければならない。戦後の冷戦期、日本国民は安全保障や非常事態への備えを全く意識せずに生きてきた。何しろ、1995年の阪神・淡路大震災まで、わが国では「あってしかるべき大地震」が発生しなかった。さらに、軍事的安全保障については米国にべったりと依存しきっていたわけである。日本国民は「次なる大震災」「領土的危機（対中国等）」という将来の非常事態に備え、安全保障に対する認識を改める必要があるのだ。

国土強靭化基本法や南海トラフ、首都直下型地震に対する対策特別措置法が通り、ようやく「日本政府」として来たるべき大震災に備える法的根拠が整った。わが国は長年の公共投資削減や公共事業の一般競争入札化により、土建産業の供給能力が過少になっている。日本の建設業許可業者数は、ピーク（99年）の60万社から、既に約47万社にまで減ってしまった。東北復興、国土強靭化、防災・減災、老朽化したインフラストラクチャーのメンテナンス、さらには東京五輪という土建需要を消化するためには、先述の通り既存の土木企業、建設企業に設備投資や人材投資を拡大してもらう必要がある。

ポイントは、わが国の土建需要（公共需要に限らない）は、わが国の土木企業、建設企業により担われなければならないという点だ。何しろ、日本は世界屈指の自然災害大国である。自然災害が多発する国において、各地に土木企業が存在するか否かは、その地域の住民の生命にかかわる問題だ。地震や水害、土砂災害等が発生したとき、地元に土建企業が存在しない場合、救援は不可能とは言わないが、大幅に遅れ、本来は助かるはずの命までもが失われることになりかねない。

恐い話だが、国土交通省の官僚の中にさえ、「土木企業、建設企業の競争能力が不足しているならば、米国のゼネコンに頼めばいい」と、国家観も安全保障も「現実」も、まるで無視した暴論を口にする人が実在する。地震や水害、土砂災害などが多発するわが国において、「土木の供給能力不足は外国企業で補えばいい」などという理屈が通るはずがない。日本国民の安全保障を維持するという観点からも、国内の土建企業の供給能力不足は、日本国民、日本企業の手で回復されなければならないのだ。

国土強靭化基本法成立から、既に3年が経過しようとしているが、現実には遅々として進んでいない。政府が公共投資や公共事業の予算を削っている以上、当たり前だ。

このままでは、国民の生命や財産を守る国土強靭化が、絵に描いた餅で終わるだろう。

第5章

「エネルギー安全保障」は強化する段階に来ている

脱原発は東京都知事選の争点なのか？

原発即ゼロへの主張に対する4つの疑問

先日、辞任したばかりの舛添要一氏が当選した2014年2月の東京都知事選挙では、争点に「脱原発」を持ってこようとする人々が少なくなく、当時の筆者は愕然としてしまったわけである。一部の大手紙に至っては、

「東京都知事選　首都で原発を問う意義（朝日新聞　2014年1月15日）」

「東京都知事選　脱原発は大事な争点だ（東京新聞　2014年1月15日）」

といった記事を書いているわけだから、呆れるしかない。何しろ、東京都知事になったところで、脱原発は達成できない。朝日新聞は、前記記事（社説）で、「都は東京電力の大株主だ。知事は、東電の経営に物申すこともできる」と書いている。確かに東京都は確かに東電の株主ではあるが、株式保有比率は1・2％にすぎない。東電は原子力損害賠償支援機構に株式の54・7％を保有されており、都知事は「脱原発」を実現する権力も権限

も持たない。

そもそも、原発を含む電力供給の問題は「国家」の問題である。都知事に就任したからといって、国家全体のエネルギー安全保障を左右できるはずがないし、左右されても困る。

正直、14年都知事選で脱原発を争点に据えようとしている勢力からは、東京都政とは「無関係」に、自らの政治的意図を達成しようという「邪《よこしま》」な意図が感じられてしかたがなかった。とはいえ、東京都知事選挙で脱原発を叫ぶ行為自体は、政治的自由、言論の自由の範囲であることは間違いない。

しかし、脱原発や「原発即ゼロ」を政治的に掲げるならば、以下の4つの点をきちんと説明してもらわなければならない。

1. 原発を再稼働させず、いかなる電力源でわが国のエネルギーを賄うのか（短期の話ではなく、中長期的な話だ）。

再生可能エネルギーで原発の代替をするのは不可能である。太陽光の場合、原発1基分の電力を発電するためには、山手線の内側の広さにパネルを敷き詰める必要がある。

2. 原発を再稼働させないため、わが国の所得（GDP）が兆円単位で中東の天然ガス産出国（カタールなど）に渡っているわけだが、この問題についてはどのように対処するのか（放置するのか）。

3. わが国に存在する使用済み核燃料（およそ2万トン）をどうするのか？　再処理せず、最終処分するとなると、半減期が長い（2万4千年！）プルトニウムを含んだまま地層処分せざるを得ないことになるが、本当にそれで構わないのか（しかも、体積が再処理しない場合と比べて、3倍に増える）。

4. エネルギー安全保障を考えたとき、エネルギー供給源の「多様化」が必要である。原発を動かさないとして、わが国のエネルギーミックスをどうバランスさせるつもりか。現在は、天然ガスに偏りつつあり、バランスは崩れている。

常識に基づいた優先順位

わが国が実際に原発を再稼働しない場合、中長期的にエネルギー安全保障が脅かされ、電気料金が上昇し、企業業績が悪化し、国民がさらに貧困化することになる。しつこいが、脱原発を個人的に主張するのは「価値観」の問題なので、別に構わない。わが国には言論の自由がある。

筆者は「エネルギー安全保障」の観点などから、脱原発に反対しているが、「エネルギー安全保障など、どうでもいい」と言われれば、それまでだ。

原発を再稼働させないことで、わが国のエネルギー安全保障が揺らぎ、経済が低迷し、国力が衰退し、経済力が弱体化したことで代替エネルギーや蓄電技術への投資が進まず、電気料金が上がり続ける中、ひたすら「節電、節電」で乗り切ろうとして、呆れかえった製造業が次々に海外に拠点を移し、国内から雇用が失われ、国民の貧困化がどこまでも進み、最終的にはわが国が発展途上国化することになることが明らかになっても、「原発は即ゼロ！」と叫ぶこともまた、言論の自由の範囲ではある。

そうだとしても、原発を再稼働させない場合の「日本の将来」や「脱原発のプロセス」について、きちんとシミュレーションを示してもらいたい。脱原発のプロセスは純粋に技術的、科学的な問題である。そこにイデオロギーを持ち込み、スローガン（脱原発！）先行で話を進めようとする姿勢はいただけない。

現実の東京都民には、脱原発といった政治的ゲームに興じている余裕はなかった。首都直下型地震の脅威が迫り、インフラの老朽化が顕著になり、さらに6年後には東京五輪が開催される。無論、震災対策や老朽インフラのメンテナンスと、東京五輪の準備は両立できる。首都直下型地震が東京五輪前に発生する確率は3割近い。対して、原発を再稼働した際に国民が受けるリスクは、どれほどだっただろうか。

結局は、「常識に基づいた優先順位」の問題なのだ。出血をしているなら、まずは血を止める。骨折をしたなら、取りあえず病院に行く。

首都直下型地震が迫っているならば、東京の強靭化を推進する。原発を再稼働しないことで国家のエネルギー安全保障が弱体化し、貿易赤字拡大が止まらないならば、安全を確認した上で再稼働する。

政治家が「常識に基づいた優先順位」を理解するか否かによって、東京や日本の運命は大きく変わることになる。昨今は、この「常識」を無視する政治家が少なくなく、筆者は懸念を覚えるのだ。

自然エネルギーの欺瞞

困難な安定的供給と発電量の調整

脱原発を主張する人々は、代替エネルギーとして「自然エネルギー」を挙げている。２０１４年２月の東京都知事選挙では、東京五輪を「自然エネルギー」で開催する、あるいは「自然エネルギー」で経済成長を、などと訴えた候補者もいた。

自然エネルギーとは、風力、水力、太陽光などを意味しているわけだが、この種のエネルギーを活用した発電技術で、わが国のエネルギー問題を解決することは可能だろうか。少なくとも、現時点では困難極まりない。

何しろ、実用可能な大容量蓄電池はいまだに存在していない。無論、ＮＡＳ電池などの技術進歩は著しいが、「街」のエネルギー供給を長時間に渡って賄うのは無理だ。

自然エネルギーとは、文字通り「自然」によって発電容量が左右されてしまう。このタイプの発電技術は、電力サービスにとって実に扱いにくい。

例えば、太陽光発電の問題は、
「夜は全く発電できない」
「曇りや雨の場合は、発電容量が激減する」
という問題を抱えている。また、パネルの「一部」に影が差すだけで、発電容量が10分の1未満に落ちてしまうのだ。多くの日本国民は、太陽光パネルに影が差した場合、「影が落ちた面積分だけ、発電容量が下がる」と考えているように思えるが、現実は異なる。

そして、風力についても、国民は「風が強ければ強いほど、発電容量が上がる」と間違って理解しているのではないだろうか。現実の風力発電は、台風襲来などの暴風時には、プロペラなどが破損しかねないため、発電を停止しなければならない。

ちなみに、水力発電も「雨が多すぎる」と発電できない。理由は、水力発電はダムに貯めた水を下流に「落とす」ことで発電機を回すためである。豪雨のときは、ダムの下流も増水しているため、水を流すことができなくなってしまう。当たり前だが、下流が増水しているときにダムから水を放出すると、洪水になる。

電力とは、常に「安定的」に供給されなければならない。発電容量は「需要」に応じて調整されており、発電が少なすぎても「多すぎても」トラブルが発生する。下手をすると、ブラックアウト（大停電）を起こしてしまう。

電気の需要は時間帯でも大きく変わる。電力会社は需要を睨みながら、多様な発電所に指示を出し、50ヘルツもしくは60ヘルツの帯域で電力の周波数が安定するように、今、この瞬間も発電容量を調整している。東京で言えば、周波数が50ヘルツで安定するように、中央管制室で電力マンが需要をにらみつつ、供給（発電）を調整することを続けているわけだ。

需要と供給を「一致」させなければならない以上、電力会社にとって、

「不安定で、発電できるのかできないのか、分からない」

発電源ほど扱いにくいものはない。例えば、電力需要の上昇を受け、

「太陽光発電の発電量を高めろ！」

と指示したとして、

「太陽が陰っているので、これ以上は発電量を高められない」

では話にならない。これが原発や火力発電であれば、単に「タービンの回転速度を高める」ことで、即座に需要に応じた供給調整が可能なのだ。

「どの発電所」「どの発電技術」の発電量を調整するかは、極めて重要な問題になる。何しろ、発電とは資源（天然ガス、原子力、石炭、原油、水力など）によって発電コストが

変わってくるのだ。

原発の停止で低下する交渉力

とにかく発電できさえすれば「高くても構わない」ならば、発電所を選ぶ必要はないが、そうすると電気料金がどこまでも上がっていくことになる。さらに、発電所は頻繁にメンテナンスをしなければならない。どこの発電所の何号機が、いつメンテナンスをしているのか。あるいは、メンテナンスをしていた発電所の何号機は、復旧したのか、していないのか。すべてを頭に叩き込み、周波数を安定させるために需要を横目で見つつ、発電所の出力をアナログで調整しなければならないのだ。

というわけで、自然エネルギーは、現在の日本において電力供給の主役になり得ない。無論、10年後、20年後に蓄電技術がブレイクスルーしていれば、自然エネルギーが電力供給の主役になる可能性はあるが。現時点で自然エネルギーによる電力供給を拡大させようとした場合、バックアップ電源としてLNGや石炭、原油で動く火力発電所をスタンバイさせておく必要がある。火力発電所はスタンバイの状態でも鉱物性燃料を食いまくるので、エコでも何でもない。

ところで、自然エネルギーが注目されている理由のひとつは、電気料金が上昇していることだ。とはいえ、電気料金の値上がりの主因は、単に原発を停めているためである。このため、外国からの天然ガス（LNG）の購入価格が急騰していたのだ。

すなわち、電気料金を引き下げるには、燃料の国際調達の際に交渉力を高めればいい。とはいえ、現在の日本の燃料調達の国際競争力が「極端」に落ち込んでいるのは、まさに原発を再稼働しないためなのだ。LNGの売り手からしてみれば、日本が「他に選択肢がない」ことを理解しているわけで、交渉力は「売り手が圧倒的」というのが現実だ。

燃料調達の交渉力をつけたいならば、原発再稼働以外に方法はない。結局、現在の日本のエネルギー問題を解決したいならば、原発を再稼働し、電気料金を引き下げつつ、将来に向けて蓄電技術に投資していかねばならない。蓄電技術が不十分な現在において、「自然エネルギーで日本の電力サービスを賄う」などと主張することは、欺瞞としか言いようがないのである。

エネルギー安全保障の観点が抜け落ちた福井地裁判決

GDPの縮小が「脱原発」を妨げる

２０１４年5月21日、福井地裁がその後のわが国のエネルギー安全保障を脅かす判決を下した。

「大飯再稼働、差し止め命じる　生存と電気代、同列許さず」

関西電力大飯原発３、4号機（福井県おおい町）を巡り、住民らが関電に運転の差し止めを求めた訴訟の判決が21日、福井地裁であった。樋口英明裁判長は「大飯原発の安全技術と設備は脆弱なものと認めざるを得ない」と地震対策の不備を認定し、運転差し止めを命じた。関電は22日にも控訴する方針。

２０１１年3月の東京電力福島第一原発の事故後、原発の運転差し止めを求めた訴訟の判決は初めて。大飯原発は13年9月に定期検査のため運転を停止し、新規制基準

［図］日本のエネルギーミックスの変遷

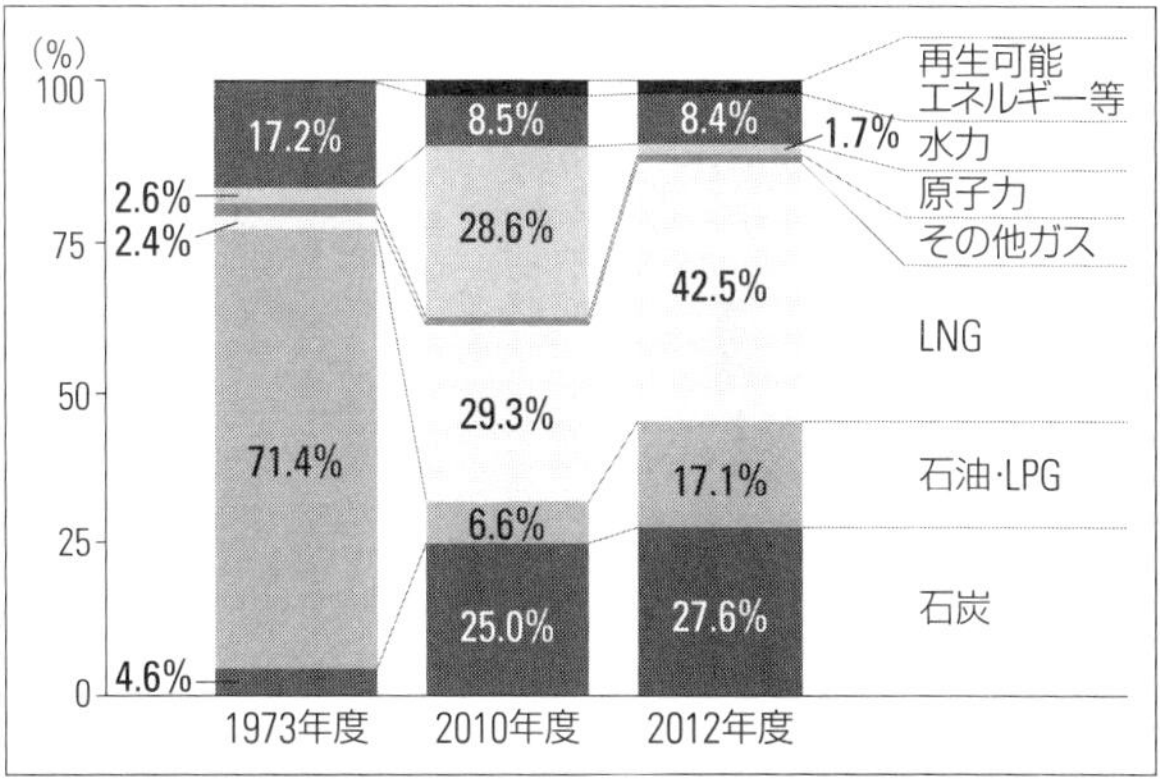

出典:資源エネルギー庁

に基づく原子力規制委員会の再稼働に向けた審査を受けている。（後略）

（朝日新聞2014年5月12日付）

筆者は正直、大飯原発再稼働差し止め判決の記事を読み、思わずめまいを覚えてしまった。まさか、日本国家のエネルギー安全保障と密接にかかわる原発再稼働について、地裁とはいえ日本の司法が再稼働差し止めの判決を下すとは。

判決を読み上げた福井地裁の樋口裁判長は、「生存を基礎とする人格権は憲法上の権利であり、法分野において最高の価値を持つ」と述べ、差し止めの判断基準は、「新規制基準への適否ではなく、福島事故のような事態を招く具体的な危険性があるか」であることを挙げた。

すなわち、現在、各電力会社が進めている原子力規制委員会の新規制基準へ適用し、再稼働するというプロセスを、根底からひっくり返してしまったのだ。これでは、たとえ電力会社が新規制基準を完璧に満たしたとしても、各地で訴訟が相次ぎ、運転再開を差し止められる事態になりかねない。

今回の判決文を隅から隅まで読んでみたのだが、「エネルギー安全保障」という文言はなかった。また、「エネルギーミックス」という用語も用いられていない。エネルギー安全保障やエネルギーミックス抜きに、原子力発電について語ることは不可能だ。

しかも、裁判の原告は福井県民を中心とした189人にすぎない。理屈では、原告が1人でも「生存を基礎とする人格権」を盾に、原発再稼働の司法による差し止めが可能になってしまう。

現在のわが国は、原子力発電所を再稼働しないことで、貿易赤字と電気料金の引き上げが続いている。貿易赤字とは、わが国のGDPのマイナス、すなわち所得の海外流出である。さらに、電気料金が相次いで引き上げられることで、中小企業の中には「電気代倒産」に陥る企業も出てきている有り様だ。

企業が倒産、あるいは業績が悪化すると、失業者が増える。福島第一原発事故後に、放射線により命を失った者は1人もいない。対して、経済的困窮は多くの人を殺す。橋本政権以降のデフレ深刻化で、毎年の自殺者が対1997年比で1万人増の状況が続いた事実を、裁判官たちは知っているのだろうか。

貿易赤字が拡大すると、わが国のGDPは縮小する。GDPの縮小で経済規模が小さくなると、「再生可能エネルギー」「使用済み核燃料の処分」「原発の廃炉」「蓄電技術」等への投資が不可能になる。上記、4項目への投資が拡大しない限り、「脱原発」を達成することはできない

崩れたエネルギーミックスのバランス

しかも、ここまで原発が「悪者」として報道されると、当然ながら原子力関連の技術者が流出していく。特に、若い世代で、今から原子力関連の技術者になろうと志す者は激減するだろう。

そうなると、先の4項目への投資縮小はもちろんのこと、そもそも「原子力関連の技術者がいない」という事態になりかねない。わが国は、脱原発はもちろんのこと、使用済み

核燃料の処理すら自国ではできない発展途上国へと落ちぶれることになるだろう。その上、エネルギーミックスのバランスを回復できず、エネルギー安全保障が揺らぐ。

わが国のエネルギーミックスは、73年時点では「原油」が圧倒的なシェアを占めていた。オイルショックが発生し、日本は「よりバランスが取れたエネルギーミックス」を追求し始める。2010年には、それなりにバランスが良いエネルギーミックスを実現したのだが、11年の菅直人による原発停止により、すべての歯車が狂い始めた。現在の日本は、エネルギー供給をLNG（液化天然ガス）に大きく依存するようになっている。福井地裁の裁判官たちが、わが国のエネルギー安全保障について、少しでも議論したとは、判決文を読む限り、到底思えない。

※エネルギーミックス：特定の発電技術に偏らず、各技術の特性を生かしつつ、バランス良く組み合わせ、安定して発電を実現すること。電力サービスのユーザーである国民のために、「安定的」「低価格」で電気を供給するための発電技術の組み合わせ。

再生可能エネルギー固定買取制度

最も成功した「レント・シーキング」

本書では、何度か「レント・シーキング」という言葉を用いている。今後の日本の経済政策において、レント・シーキングはキーワードの1つになる可能性が高いため、これを機にぜひ、覚えてほしい。

レント・シーキングとは、直訳すると「地代を探す」になるわけだが、現実の定義は「企業が独占利益や超過利益を獲得するためのロビー活動」となる。地主が農家に土地を貸し出す。農家はその土地で農作物を育て、収穫、販売し、所得を得る。この時、農家が農作物を販売した代金が、土地から生み出された付加価値の合計、すなわちGDP（生産面）になる。GDP三面等価の原則により、付加価値と所得の合計金額は必ず一致する。

農家は、土地から獲得した所得（＝付加価値）の一部を地代として地主に支払う。これが「レント」である。レントを受け取った地主は、別に新たに付加価値を生み出したわけでない。地主は単に、農家が生み出した「所得＝付加価値のパイ」から分配を受けただけである。農家の所得の一部が、地主に移転されたと表現してもいい。既存の所得のパイから一定金額が分配されるように「新たなレント」を探し求め、政治家を動かし、法律を改正させるのが今風のレント・シーキングである。新たに所得のパイが増えるわけではないため、レント・シーキングで誰かが得をしたとき、必ず反対側で別の誰かが損をしている。

昨今の日本において最も成功したレント・シーキングは、再生可能エネルギー特別措置法である。太陽光、風力など、いわゆる再生可能エネルギーを「固定価格」で電力会社に買い取らせ、負担を消費者に押し付ける再生可能エネルギー固定買取制度ほど、レント・シーキング色が露骨な制度は他に思い付かない。

そもそも、蓄電技術のブレイクスルーがない限り、日本のエネルギー供給の分野で、太陽光発電や風力発電が電力供給の主役になる日はやってこない。理由は、発電の技術的特性やわが国の国土的条件による。日本は欧州のように、一定な西風が吹くわけではない。さらに、台風も来襲するため、風力発電を大規模に展開できる国土ではない。風力発電の拡大には「安定的に風が吹く」ことが必要なのだ。太陽光パネルにしても、太陽が陰ると発電されないのに加え、そもそも発電容量が小さすぎるという問題もある。電力とは「在庫」ができないタイプの商品だ。発電、送電、配電はほぼ同時に行われる。ユーザー側が「電気を使いたい」と思った瞬間に、発電所で発電し、供給しなければならないのが電力サービスなのだ。太陽光や風力では、発電可能性が自然環境に左右されてしまう。蓄電技術が大々的に発展すれば話は別だが、現時点では電気とは「顧客が必要な瞬間」に発電し、送電するしかない。自然環境に発電能力が依存してしまう太陽光や風力で原発を代替するなど、現実には全く不可能なのである。

市場の判断を無視した制度

日本の電力安定化にほとんど役に立たない再生可能エネルギーについて、日本の民主党政権（当時）は固定価格買取制度を導入してしまった。しかも、首相官邸のホームページには、再生可能エネルギー固定価格買取制度の説明として「再生可能エネルギーはコストが高いなどの理由により、なかなか普及が進みませんでしたが、この制度によりコストの回収見通しが立ちやすくなり、より多くの人が発電設備を導入し、普及が進むと期待されています」

と、書かれており、筆者は唖然としてしまったわけである。「コストが高いから、普及が進まなかった」ということは、それこそ「市場」が、「そんなものは不要だ」と判断したという話だ。政府の「規制」で電力会社に固定価格での買い取りを義務付けなければ、普及が進まないような技術を、なぜ利用しなければならないのか、理解不能である。

しかも、日本の再生可能エネルギーの買い取り価格は「高い」。例えば、太陽光10キロワット《キロワット》以上の単価は、1キロワット《キロワット》当たり38円であった。再生可能エネルギーの固定買取制度で先行したドイツは18～24円だ。風力発電は、日本が23・1～57・75円に対し、ドイツは5～9円だ。

この高い再生可能エネルギーの固定買取代金を誰が支払っているかといえば、もちろん日本の消費者である。すなわち、読者だ。何しろ、電力会社は再生可能エネルギーを買い取った代金を、政府の代わりに消費者から回収している。

要するに、再生可能エネルギー特措法は、福島第一原発の事故というショックを利用し、「誰か」が固定買取制度を政府（菅政権）に推進させ、投資利益を電力料金の一部として回収するために成立したのだ。日本の消費者の電気代として、不要な太陽光や風力の発電費用として「誰か」におカネが支払われる、完全なレント・シーキングである。「誰か」には、日本の投資家はもちろんのこと、外資も含まれている。

太陽光発電や風力発電は、典型的な設備産業だ。一度、設備を据えてしまえば、その後はほとんど雇用を産まない。さらに、日本で使用されている太陽光パネルの八割は台湾・中国のメーカー製であり、日系企業の所得が増えるわけでもない。

国民は本来必要のない再生可能エネルギーの買取代金を負担させられ、雇用もほとんど生まれない。得をしているのは、再生可能エネルギーに投資をした企業、投資家だけだ。再生可能エネルギーの固定買取制度とは、投資する余力がない一般国民から、投資余力を持つ投資家に強制的に所得を移転させる制度なのである。しかも、本制度は一部の企業、投資家と政権（菅直人政権）が結び付き、再生可能エネルギー特別措置法を成立させることで実現した。まさに、典型的なレント・シーキングだ。

こんなバカげた制度は、即刻、中止するべきである。

再エネ特別措置法に基づくFITは早急に廃止せよ

現実には不可能な再エネ依存

「再生可能エネルギー制度で家庭負担は2倍以上に」

太陽光発電などの再生可能エネルギーの普及を促す制度によって、一般家庭が電気料金に上乗せされて負担している額が新年度・平成27年度から年間で5600円余りと、前の年度の2倍以上に増えることになりました。（後略）

（NHK2015年3月19日）

筆者は制度発足時から、再生可能エネルギー特別措置法に基づく「再生可能エネルギー固定価格買取制度（以下、FIT）」に反対を続けている。理由は、FITが福島第一原発事故という「ショック」を利用し、レント・シーカーたちが菅政権を動かし、成立させた典型的なショック・ドクトリンだからだ。レント・シーカーとは、新たな付加価値を生まないにもかかわらず、「政治」「法律」を動かして、既存の所得のパイの一部を奪っていく手法（レント・シーキング）を志向する一部の投資家、企業家のことである。

現在の日本にとって必要なのは、原子力発電に代表される「安定電源」だ。2011年7月に再エネ特別措置法が成立し、翌年から「安定性に欠ける再生可能エネルギーで発電された電気を、電力会社が需要と無関係に買い取り、代金を消費者が『再エネ賦課金』として負担する」という、典型的なレント・シーキングであるFITが開始された。

しかも、再生可能エネルギー特別措置法には「外資規制」がない。日本国内のレント・シーカーのほか、外国の投資家までもが日本の「おいしいFIT市場」に大挙して参入。原発停止による燃料代負担増大で電気代が高騰すると同時に、われわれはFITに投資する投資家に、本来は不要な電気の代金を「再エネ賦課金」として支払わされている。電力中央研究所の試算では、現行のままFITを進めると、最終的な国民負担の総計は80兆円にも達するとのことだ。

経済産業省が公表した試算によると、電気の使用量が標準的な家庭で、1カ月当たりの再エネ賦課金が、15年度の225円から16年度には474円に上昇する。年間に換算すると、負担額が2700円から2倍以上の5688円に増えるわけだ。

FITの負担額が増える要因は、メガソーラーに代表される太陽光による発電の急拡大だ。電気とは発電と同時に消費が行われなければならない。発電された電気を使用せず、処分するのは、簡単ではない。電力事業においては、電力需要に供給が追いつかないのも困るが、逆も問題になってしまうのである。

FIT先行国のドイツでは、再エネ事業者が需要以上に発電してしまった際に、国内の大企業（製造業など）に電力会社側がお金を「支払って」電気を使ってもらっている。また、欧州各国がグリッド（電力線）でつながっているのをいいことに、ドイツは隣国（ポーランドなど）に余剰電気を流し込んでいる。隣国としては迷惑極まりない話だ。

また、ドイツは再エネに依存すればするほど、バックアップの代替電源（主に火力）を用意しなければならず、不要な燃料が消費されている。稼働率が見合わないということで、火力発電の会社が撤退しようとすると、メルケル政権が「火力発電の撤退」を禁止する法律を制定するという、泥縄の対応を続けている。

さらに、脱原発を標榜しつつ、ドイツでいまだに9基の原発が現役で稼働していることを知っておいてほしい。国家の電力供給を再エネに依存するなど、現実には不可能なのだ。

政府目標の達成は極めて困難

政府は今年1月、将来のエネルギーミックスの目標を示した。将来的に、再生可能エネルギーを20％にする目標が掲げられたが、達成は極めて困難だ。

例えばメガソーラーが典型だが、大規模太陽光発電事業に適した地域、つまり「土地が安価な地域」は、北海道、東北、九州、四国に偏っている。これらの地域は電力需要がそれほど大きくない。逆に、電力需要が大きいのは、東京電力、中部電力、関西電力の管轄地域だが、これらは土地の値段が高く、メガソーラー事業は割に合わない。九州などの地域にメガソーラーの投資が殺到したが、需要が不十分で、需給バランスが狂った結果、九電を先頭にＦＩＴの接続受付を停止せざるを得なかったのは、ご存じの通りだ。

「ならば、九州、四国、東北、北海道などのＦＩＴで発電した電気を、関東、中部、関西という需要が大きな地域に持ってくればいい」と、思われるかもしれないが、実際に地方のＦＩＴの電気を関東、中部、関西に送るためには、送電網の大々的な強化が必要になる。送電線一本引くだけでも、地権者との交渉、地域への説得、環境アセスメントの後、ようやく工事と、時間が必要な上に、莫大な費用が掛かる。また、地形によっては送電線を引けない場所もある。

現在の日本にとって、ＦＩＴの存在は原発停止と同じく日本国民の負担を重くし、経済力を弱体化させている。さらに、ＦＩＴにより「需要が保障されている」限り、再エネや蓄電技術のブレイクスルーもない。再エネ特別措置法に基づくＦＩＴは、早急な「廃止」が必要であると確信する。

２０１６年６月８日、ＦＩＴ先進国であったドイツが再生可能エネルギー固定価格買い取り制度（以下、ＦＩＴ）を廃止することを決定した。

拡大していない「需要＝所得」に対し、政治力を使うことで新規参入を果たし、別の誰かの所得を奪っていく。いわゆる、レント・シーキングであるが、その代表株がまさにＦＩＴなのである。

そもそも、３・11以降のわが国に不足しているのは「安定電源」であり、「最大電源」ではない。それにもかかわらず、安定電源の原発を停め、天候次第で稼働率が変わる太陽光や風力の発電を、諸外国と比較して「高い金額」で強制的に電力会社に買い取らせるＦＩＴ。もちろん、電力会社が電気料金を払うわけではなく、ＦＩＴの負担は「再エネ賦課金」として消費者（われわれ）が負担することになる。

繰り返すが、ＦＩＴに投資できる一部の投資家たちに対し、われわれ一般の日本国民から「所得が移転される」。典型的な、レント・シーキングだ。

しかも、需要と無関係に高額で買い取りが長期（最大20年）で続けられるため、ＦＩＴは再エネ関連の技術開発をむしろ減らしてしまう。競争がない業界で、技術進歩はない。

さらに、天候次第で発電したり、発電を停止したりするＦＩＴは、電力サービス全体を不安定化させる。電力とは、需要と供給が一致しなければならないのだが、ＦＩＴは需要と無関係に供給を拡大し、あるいは縮小する。

日本の電力サービスを不安定化させ、一部の投資家がわれわれ一般国民から所得を吸い上げるだけのＦＩＴについて、筆者は当初から反対を続けてきた。導入推進派は、

「ＦＩＴはドイツでは巧くいっている」

などと出鱈目のプロパガンダを展開し、反ＦＩＴ論を叩き続けていたわけだが、ついに大本のドイツで「ＦＩＴ廃止」という結末になってしまった。

ドイツのＦＩＴの問題は、不安定な再エネ（特に風力）の発電量が膨張し、各家庭の再エネ賦課金の負担が大きくなったのはもちろんのこと、送電網に余分な電気が流れ込み、電力会社が大口顧客に、

「お金を払い、電気を使ってもらう」

などというバカげた状況になってしまったためである。

しかも、欧州は送電線網が国境を越えてつながっているため、ドイツは過剰な電気をポーランドやチェコに流し込み、国際問題になっていたのは先述の通りだ。

要するに、不安定な電源が大きくなると、電力サービス全体の安定性が損なわれるという話である。電力サービスは「需要＝供給」を維持し続けなければならない以上、当たり前なのだ。

日本も2017年4月1日から接続契約を締結していない場合、原則として現行制度の認定が失効するなど、FIT抑制の方向には動いているが、既に「廃止」の議論を始めなければならない段階だ。

廃止にしたところで、既存の契約は有効であるため、廃止及び「発電税導入」も検討するべきであろう。われわれ、一般の日本国民から再エネ賦課金として吸い上げられた所得を、国内の電力網強化などの形で還元する必要がある。

特定の投資家を儲けさせるのではなく、日本国全体のエネルギー安全保障を強化する方向に舵を切るべきなのだ。

安全保障と企業の関係を考える

「安全保障」と相容れない「市場原理」

いわゆる「安全保障」とは、何も軍事的な面に限らない。もちろん、軍事的、国防的な安全保障も国民にとって極めて重要だ。だが、実際には「安全保障」は幅広い概念である。

例えば、離島に暮らす日本国民に、その島で「生業」を立ててもらうことも、いざ「非常事態（震災など）」になったとき、全国のトラック運転手たちが物資を満載したトラックで高速道路を走り抜けることも、震災時に備えて隣近所の現況を把握しておくことも、近場に病院があり、質が高い医療を保険適用で受けられることも、すべて「安全保障」の範疇に入る。安全保障とは、日本の場合は「日本国民の生存や独立に対し、脅威が及ばぬように手段を講じ、安全な状態を保障すること」という定義なのだ。

「狭義の安全保障」、つまりは国防の面だけを見ても、現在のわが国の安全保障は「盤石である」とはお世辞にも言えない。何しろ、軍事的な狭義の安全保障に限っても、事は自衛隊一組織で完結する話ではない。

現在、デフレ不況、造船不況の深刻化で、日本の造船会社が苦境に陥っている。このまま造船会社の経営難を放置すると、順次、潰れていくか、あるいは大企業がこの分野から「撤退」という話になってしまう。そうなると、わが国は、「誰が海上自衛隊や海上保安庁の艦船を整備、修理するのだ」という状況に陥ってしまう。

お気付きだろうが、安全保障の強化は「市場原理」と極めて相性が悪い。国家の役割を軽視する（というか、嫌悪する）新古典派経済学には、安全保障の確立という命題は含まれていない。いや、ないことはないのだが、「軍事分野も民営化し、市場原理により効率化すべし」という、首を傾げざるを得ないソリューションを提示してくるのだ。軍事分野を「株式会社」である民間企業に委ね、果たして「国家の安全保障」が確立されるのか。あるいは、日本の造船会社や三菱重工の防衛ビジネスについて「市場競争」の波に委ね、「市場競争の結果、日本の防衛産業が壊滅した。今後はアメリカや韓国、中国の企業に自衛隊の装備品（兵器のこと）の調達や整備を依頼しよう」といった事態になり、わが国の安全保障が維持できるだろうか。できるはずがない。わが国の安全保障は、可能な限り

「ナショナリズムを共にする人々」すなわち日本国民の手により担われなければならないのだ。

国富を毀損するデフレは安全保障を脅かす

安倍政権は、政府開発援助（ODA）を活用してフィリピンに巡視船10隻を供与することを決定。2015年6月に、フィリピン向け巡視船がジャパンマリンユナイテッドに発注された。フィリピンは現在、南シナ海のスカボロー礁の領有権などを巡り、中国と対立している。日本と利害関係が一致するフィリピンの海上保安能力向上を支援することで、中国を牽制することができるわけだ。

中国の脅威が高まる中、フィリピン側から日本政府に、「南シナ海などで全面的な巡視活動を行うには、10隻程度の巡視船が新たに必要だ」との要望があったという。巡視船10隻分の建造費は、日本側が負担することになるが、それで一向に構わない。

確かに「おカネ」だけを考えた場合、日本政府の損、フィリピン側の得になる。とはいえ、日本政府はフィリピン向け巡視船を「日本の造船会社」に発注することで、わが国の造船企業が保有する「造船能力」という国富を守ることができる。今回の案件でいえば、巡視船建造を受注したことで、ジャパンマリンユナイテッドの「造船能力」が高まることになる。

さらに、安倍政権はベトナムに対し、南シナ海の警備を支援するため新造の巡視船や巡視艇を供与する方針を決定した。日本政府が発注し、「日本の造船産業」が建造し、アジア各国に供与する。結果的に、日本の造船能力という「安全保障」を強化することができる。

造船産業のビジネスは、基本的には長期間に及ぶ。今年受注した船を、今年中に建造するなどというケースはほとんどない。すなわち、将来、建造する船の注文は、現時点で受注していなければならないのだ。

現在の造船産業の苦境について、「それは、グローバル市場で中国や韓国との競争に敗れた日本の造船企業の自己責任」などと切り捨ててしまい、本当に構わないのだろうか。日本の造船技術が衰退すると、やがては海上自衛隊や海上保安庁の艦船の建造や整備ができなくなる。結果的に、わが国の安全保障が揺らぎ、東シナ海の向こう側で仮想敵国が狂喜乱舞することになるわけだ。

建造費が日本政府の負担になろうとも、親日国に供与する艦船を日本企業が受注することで、「艦船の建造能力、整備能力」というわが国の貴重な「国富」を守ることができる。狭義の安全保障である「国防」に限っても、事は自衛隊だけの問題では済まないのだ。日本の「企業」もまた、日本の軍事的な安全保障を担っているのである。

そして、デフレーションとは企業の「供給能力」という「国富」を毀損し、広義の安全保障はもちろん、狭義の安全保障すら脅かすからこそ「悪」なのだ。

第6章

不平等な結果を招いた統一通貨ユーロの誤算

ユーロ・バブルの崩壊

ユーロ加盟で発生したスペインの不動産バブル

現在のユーロで起きている問題は、怖いほどに日本と似ている。ドイツやフランスのインフレ率は、わずか0・1％。長期金利はフランスが0・158％、ドイツが何と▲0・126％！　日本やスイス同様に、ドイツまでもが長期金利でマイナスに陥ってしまっている。

さらに、ドイツやフランス以外の国々にしても、インフレ率は驚くべき低さだ。ギリシャやスペインのインフレ率は、既に継続的にマイナスになっている。他の主要国にしても、インフレ率はゼロ前後である。現在のユーロ諸国は、明確にデフレ化しつつある（左図参照）。

今回のユーロ混乱の発端は、ずばり「ユーロ・バブル」の崩壊だ。ユーロ・バブル崩壊とは「共通通貨ユーロ」の価値が下落したという話ではない。ユーロ圏内の不動産バブル

[図] ユーロ主要国のインフレ率の推移

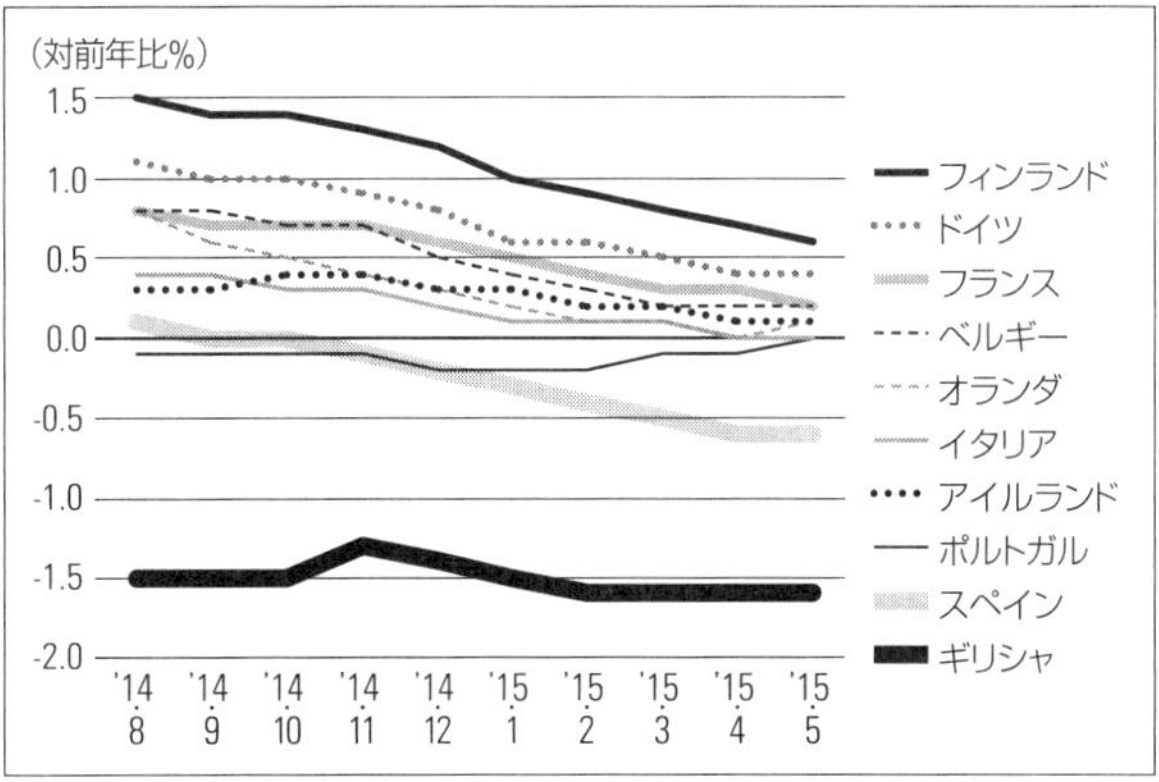

出典:ユーロスタット

が各国で次々に崩壊し、独仏の銀行などがPIIGS諸国などに貸し付けたお金が、不良債権化し、さらに民間の資金需要が不足してしまったという問題になる。

不動産バブルとは、不動産価格が上昇することそのものではない。国民の所得が上がり、堅調に経済成長していれば、不動産価格は普通に上がる。

そうではなく、スペインならスペインの「銀行」が「外国（独仏等）の銀行」から借りたお金を国内の住宅市場につぎ込み、価格が上昇し、それを見た「他のスペインの銀行」までもが「外国」からお金を借り、住宅価格が高騰していった部分に「ユーロ・バブル」の本質があるのだ。

そもそも、スペインが独自通貨国であった場合、不動産バブルは発生しなかった。何しろ、同国は世界第2位（米国が1位）の経常収支赤字国で、国内に過剰貯蓄などない。ところが、スペインがユーロに加盟したことで、「ユーロ諸国」の金融機関が同国にお金を貸し込み、バブルを膨張させ、崩壊させてしまったわけである（ギリシャやアイルランドなども同様）。

日本と同じ「緊縮財政&インフレ嫌悪」の構造

日本の場合、独自通貨国かつ経常収支黒字国（貯蓄超過国）であるため、不動産バブルも崩壊もすべて「日本円」の話だった。日本国内の日本円という貯蓄を、銀行が不動産プロジェクトに貸し付け、バブルが膨らんだのだ。

それに対し、ユーロ諸国の銀行は「ユーロ圏の外国」から借り入れたお金で、国内の不動産バブルを膨張させてしまった。日本の場合、不良債権を抱えた銀行は「日本国内の銀行」だったのだが、ユーロ・バブルは「外国の銀行」なのだ。

本来、不動産バブルを膨張させた責任は、お金の貸し手にもあるはずだ。わが国のバブル崩壊後の場合は、日本の銀行の経営者たちが、それなりに責任を取らされた。また、複数の金融機関が消えるか、あるいは合従連衡を迫られることになった。

　2008年に崩壊が始まったユーロ・バブルの場合、スペインなどの銀行はもちろんだが、ユーロ圏の「債権者」である独仏などの銀行にも責任があるはずなのだ。ところが、独仏などの銀行は自国の「政府」を動かし、バブル崩壊国の政府に金を貸し付け、自分たちの債権を救おうとした。そこに、ユーロ問題の本質がある。

　結果、バブル崩壊国の国民は「国内の銀行が外国の銀行から借りたお金」の責任を取らされる羽目になり、緊縮財政を強いられる。とはいえ、緊縮財政は（少なくともバブル崩壊後は）国民経済の縮小を招き、税収を減らす。当然の話として、政府の財源が枯渇し、さらなる支援要請に踏み切らざるを得ないという道を各国が歩む羽目になった。

　ECBは、日本同様に量的緩和政策を継続しているが、各国政府はドイツ主導で緊縮財政を強いられている。日本の例を見ればわかると思うが、バブル崩壊後に緊縮財政を実施した日には、中央銀行がどれだけ金融政策を拡大しようとも、デフレ脱却は果たせない。ユーロ圏のバブル崩壊国が上記の「ユーロの呪縛」を打ち払い、再び成長路線に戻るには、ユーロを離脱するか、ドイツが各国に対して財政出動の拡大を認める以外にない。

　とはいえ、緊縮財政を国民投票で拒否したギリシャ国民ですら、ユーロ離脱は望んでいない。さらに、日本の財務省を上回る財政均衡主義に凝り固まったドイツが、財政拡大路線に舵を切るなど有り得ない。結果、ユーロ諸国では民間の資金需要が圧倒的に不足し、主要国の国債ばかりが買われる事態となり、長期金利が下がり続けている。

驚くほど、現在の日本と似ていると思われないだろうか。

ブレグジットが及ぼす影響

イギリスがEU離脱を選択

２０１６年６月23日。イギリスで行われたEUからの離脱の是非を問う国民投票で、離脱派が勝利。ＵＫＩＰ（イギリス独立党）のファラージュ党首は、「６月23日をわれわれの独立記念日とし、イギリスの歴史の夜明けにしよう」と、勝利宣言。

２０１５年イギリス総選挙の際に、ＵＫＩＰに票を奪われることを恐れ、「国民投票実施」を公約に掲げ、票をつなぎとめた保守党の戦略が裏目に出た形になった。まさか、国民投票で離脱派が勝つとは思わなかったのだろう。

離脱派が勝った結果、残留派のキャメロン首相は辞任を表明。

また、離脱派の勝利を受け、予想通りポンド暴落。金融市場は大混乱に陥った。日本円は例により、「ポンドに対し急騰したドルに対しても上がる」事態になり、一時は１ドル

98・95円、1ユーロ109・58円、1ポンド133・29円まで円高が進んだ。

円高が進行したことで、5月24日の日経平均は暴落。前日比▲1286円の14952円と、15000円割れで取引を終えた。

今後のプロセスとしては、イギリスはEUに離脱を通告。既存の貿易協定を改める交渉が行われ、最終的にEU27カ国中の20カ国が賛成した時点で正式離脱となる。

EUから離脱した時点で、イギリスは例えばEU圏（及びそれ以外の地域）からの外国人流入に際し「ビザ」を導入するなどの規制が可能になる。

日本のマスコミでは、国民投票が終わった後になって、ようやく「ブレグジット（イギリスのEU離脱問題）」の焦点が「移民問題」であると報じられ始めた。

離脱派が勝利したことを受け、ドイツのシュタインマイヤー外相は6月25日にベルリンで記者会見。イギリスは速やかにEUからの離脱交渉を始める必要があると訴えた。

また、ドイツのメルケル首相は、

「イギリスは今後のEUとの関係をどのように描いているのか示さなければならない」

と、イギリスに対し早期に「態度」を明らかにするように主張。

要するに、イギリスはさっさとEUからの脱退を通知し、リスボン条約50条に沿って離脱手続き進めろという話である。リスボン条約50条は、脱退通知から2年以内にリスボン「欧州理事会における全加盟国の延長合意がない限り、脱退通知から2年以内にリスボン条約の適用が停止される」

となっている。というわけで、イギリスは離脱通告から2年以内に各種の協定を再締結しなければならない。

例えば、イギリスがEUから離脱したとしても、貿易協定（関税等）は「互いに既存のまま」という決着もあり得る。その場合、問題の、

「労働者は連合内を自由に移動する権利をもつものとする」

というEUのルールのみを破棄し、他は「そのまま」という形になる。イギリスはユーロに加盟していないため、金融面も現状のままで済む。

さらに、イギリスはシェンゲン協定にも加盟していないため、入国の際のパスポートチェックは元々ある。とはいえ、EUに加盟している以上、EU加盟国の労働者の移動を妨げることはできなかった。

「移民問題」で国民が分断された

２００４年以降、東欧諸国がＥＵに加盟した結果、イギリスに「安い賃金」で働くポーランドやルーマニアなどの労働者が流入していった。その後、リーマンショックやユーロ・バブル崩壊（※イギリスはユーロに加盟していないが、やはり不動産バブルだった）により、08年以降にイギリスの実質賃金の長期下落が始まり、ＥＵからの離脱を訴えるＵＫＩＰが支持され、今回の事態に至った。

移民問題が厄介なのは、好景気の時は国民の実質賃金上昇に問題が覆い隠されてしまうという点である。そして、バブル崩壊や緊縮財政で経済がデフレ化、あるいは不況になると、一気に問題が噴出するわけだ。

改めて考えても、日本で、

「成長を確保するには、（外国人労働者を受け入れ）労働力を増やしていく以外に方法はない（木村参議院議員）」

などと語っている政治家たちは、わが国の政《まつりごと》を率いる資格がないことが分かる。彼らは何も考えていないか、国民統合を破壊したいかのいずれかだ。

そもそも経済成長とは、人手不足環境下において「生産性向上」のための投資が拡大することで実現する。

現在、日本は生産年齢人口比率が低下し、人手不足が進んでいる。これを「外国人労働者で」などとカバーしようとすると、経済成長が抑制される（生産性向上の必要性がなくなるため）のに加え、将来、ＡＩやドローンが進化し、技術的失業が始まった時点で、現在のイギリスと全く同じ問題が発生することになるだろう

日本のマスコミや政治家は、イギリスのＥＵ離脱問題について、

「外国移民やグローバリズムの問題ではない」

といった情報操作を行いたいのだろうが、今回のブレグジットは、外国移民を受け入れた後に経済がデフレ化し、国民の実質賃金が長期間下がり、貧困化した国民が外国移民を敵視し始め、国民が分断された結果なのだ。

ユーロ・グローバリズムの失敗

黒字組と赤字組の差が拡大

ＥＵ（欧州連合）やユーロの基盤となっている思想は、もちろん「グローバリズム」だ。グローバリズムの定義は、大ざっぱに書くと以下の３つを「自由化」し、国境を越えた移動の自由を認めることになる。

①モノ・サービスの移動
②資本の移動（直接投資、証券投資）
③労働者の移動

ＥＵ・ユーロは、現時点で前記３つを「ほぼ完ぺき」に満たしている。ＥＵ・ユーロ域内のモノの輸出入に対しては、もちろん関税をかけることはできない。さらに、サービスの輸出入を妨げる各国の社会システム（米国の言う「非関税障壁」）についても、相当程度「同一化」が進んでいる。また、当然の話として、ＥＵ・ユーロ加盟国間の資本移動は原則自由だ。直接投資だろうが、証券投資だろうが、EU圏内の企業や家計は、好きなように域内でお金を動かすことができる。ドイツやフランスの銀行は、制限なくギリシャやスペインの国債を購入して構わないわけで、まさにそれこそが08年以降のユーロ危機の深刻化の一因になった。資本移動が自由化され、互いに資本関係が強まっていると、「ある国」のバブル崩壊や財政危機が他国に伝播してしまうのである。

1990年以降の日本のバブル崩壊は、悪影響の拡大があくまで日本国内のみにとどまった。それに対し、現在は各国の資本的結び付きが強化されているがゆえに、一国のバブル崩壊が、他国の金融システムに被害を及ぼす事態になってしまうのだ。

また、EU加盟国はシェンゲン協定というパスポートのチェックなしで「ヒトの移動の自由化」を認める協定を結んでいる（島国の英国とアイルランドは除く）。シェンゲン協定加盟国間では、国境を越える際に国境検査がない。パスポートひとつ見せることなく、西は大西洋から東はポーランド、スロバキア、ハンガリーの対ベラルーシ、ウクライナ国境まで、北はバルト3国から南はイタリア、ギリシャまで、自由自在に動きまわることができるのである。

マーストリヒト条約やシェンゲン協定に代表される各種の国際条約により、上記の①から③のすべてを自由化し、さらに通貨までをも統合した「ユーロ・グローバリズム」が成立しているのが、共通通貨ユーロなのだ。

ユーロ圏内はモノ、カネ、ヒトの動きが自由化されている。結果として、一部のユーロ諸国における財政危機の引き金となる経常収支のインバランス（不均衡）が始まった。いわゆる、「ユーロ・インバランス」の拡大だ。

左図の通り、99年の共通通貨ユーロ開始以降、08年のユーロ・バブル崩壊まで、ユーロ圏では経常収支の黒字組（ドイツ、オランダ）がひたすら黒字幅を拡大し、赤字組（スペイン、ギリシャ、ポルトガル、イタリアなど）が、これまたひたすら赤字幅を広げていくユーロ・インバランスが進行していった。スペインやギリシャなどの経常収支赤字が拡大した主因は、もちろん貿易赤字である。何しろ、ユーロ圏内ではモノやサービスの移動が自由化されている。逆に言えば、スペインやギリシャは、ドイツからどれほど凄まじい輸出攻勢を受けたとしても、関税で自国市場を保護することはできない。

国民を貧しくするグローバリズムとは

さらに、何しろユーロは「共通通貨」である。ドイツが対スペイン、対ギリシャで莫大

[図] ユーロ主要国の経常収支の推移

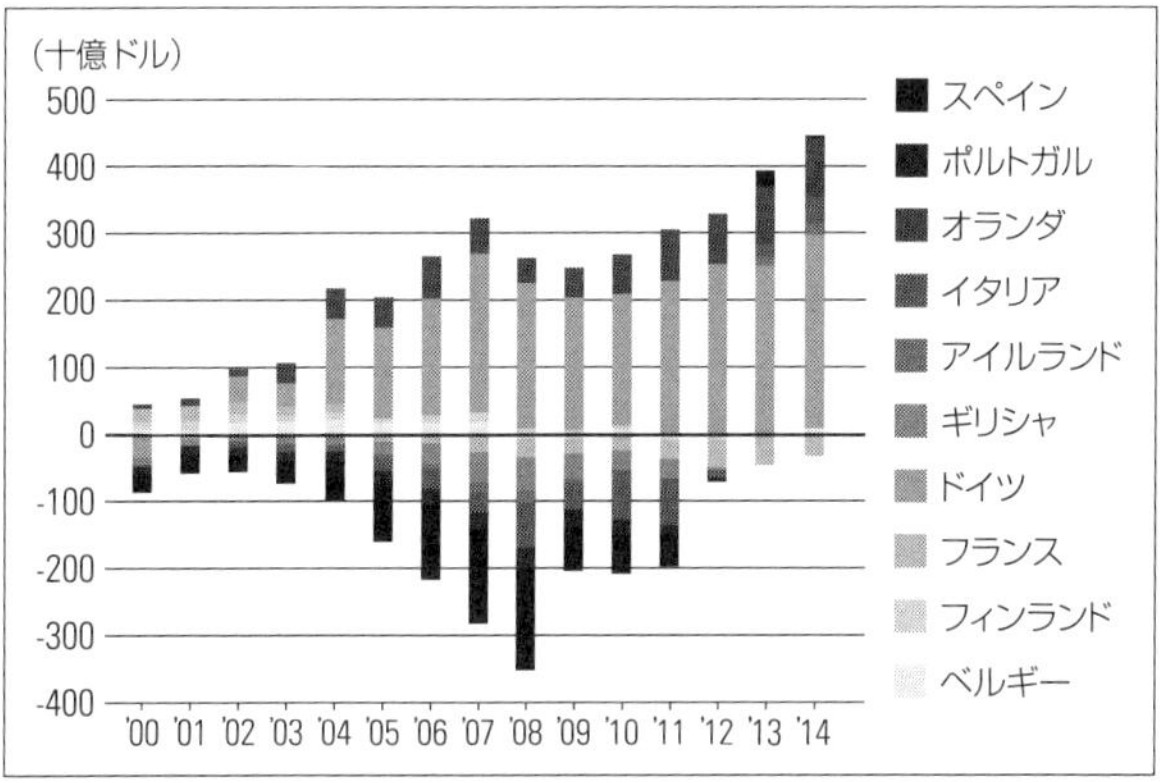

出典:IMF

な貿易黒字を稼いだとしても、為替レートの変動はない。ユーロ域内の生産性が低い国々は、盾(関税、為替レート)なしで高生産性国(ドイツなど)の輸出攻勢を受け続けなければならないのだ。結果的に、ギリシャやスペインの経常収支赤字は「調整なし」で膨らんでいった。

統計的に、経常収支の赤字は「対外純債務(純負債)」の増大になる。ユーロとは、生産性の低い国が延々と経常収支の赤字、すなわち対外純債務を拡大していくという、長期的な継続性が全くない構造になっていたのである。

ユーロ・グローバリズムの失敗は、世界的な「グローバリズム」の行く末についても、幾つかの貴重な示唆を与えてくれる。1つ目は、自由貿易とは聞こえがいいが、関税や「非関税障壁」の撤廃は、域内の国々を「二分化」してしまうという現実である。すなわち、生産性の高い国から低い国へ、モノやサービスがひたすら流れていき、経常収支のインバランスが拡大してしまうのだ。無論、経済学者は「生産性が低い国は、生産性向上の努力をすべきだ」と言うだろう。それはその通りなのだが、現実には低生産性諸国が十分な生産性を獲得する以前に、対外債務のデフォルトに至る可能性が高い。

また、資本移動の自由化により、各国の資本的な結び付きを強めると、一国の危機が他国へ伝播してしまうという問題もある。実のところ、1929年以降の「世界」大恐慌の主因の1つは、当時の主要国の資本的結び付きが（今よりも）強固だったことなのだ。資本的に結び付いていたからこそ、米国一国の株式バブル崩壊（29年10月）が、世界主要国に伝播していったのである。

日本国民は今こそ一度立ち止まり、あらためてグローバリズムについて考え直す必要がある。言葉の響きで政策やソリューションを決めてはならない。果たして、グローバリズムが本当に「日本国民の豊かさ」に貢献するのか。国民を貧しくするグローバリズムに、ソリューションとしての価値などないのだ。

キプロス危機でEU・ユーロの弱点が明らかに

同一通貨でも異なってしまった価値

2012年6月から翌年にかけ、地中海の島国キプロスで、ユーロの欠点を露わにする「キプロス危機」が発生した。

国民経済が極度に金融サービスに依存し、ロシアなどから大口預金を受け入れ、銀行がギリシャ国債などに投資するというビジネスモデルで経済を成り立たせていたキプロスであるが（いろいろな意味で「よりにもよって」である）、銀行危機、財政危機とギリシャと同じプロセスをたどり、EUへ緊急支援を要求した。人口約86万人にすぎず、観光と金融くらいしか産業がないキプロスは、租税回避地、いわゆるタックス・ヘイブンを提供することで、海外からの投資、預金を呼び込んで経済を成り立たせていた。

08年以降、ギリシャ危機が深刻化し、12年にギリシャ国債保有者は事実上のヘアカット（元本削減）を強いられた。キプロスが持つギリシャ国債も元本削減の憂き目に遭い、銀行の不良債権問題が拡大していった。事実上、ギリシャがデフォルトしたのだ。

信じがたいことに、キプロスの銀行の総資産は同国のGDPの7倍規模に膨らんでおり、キプロス政府にすら救済能力はなかった。結果的に、キプロス政府は2012年6月にEUに緊急支援要請をするところまで追い込まれたのである。

タックス・ヘイブンと化していたキプロスは、ロシア・マネーのマネーロンダリングの場と化していた。そのため、EU側は、キプロスへ緊急支援を実施するに際し、大口預金者に相応の負担を求めた。特に、ドイツ、フィンランドなど、ユーロ圏の経常収支黒字国が、キプロスに無条件の支援を行うことに難色を示した。EUから支援を受けるためには、キプロスは大口預金者に対するヘアカットを実施せざるを得なかった。

だが、キプロス側は大口預金者（10万ユーロ以上）と小口預金者の名寄せができず、全預金者に対する課税を実施しようとした。当然の話として、預金者はキプロス国内の銀行に殺到し、取り付け騒ぎを引き起こしてしまう。さらに、キプロス議会は全預金者に対する課税法案を否決した。

最終的には、キプロス第2位の銀行キプロス・ポピュラー銀行をグッド・バンク、バッド・バンクに分け、小口預金は第1位のキプロス銀行に移し、バッド・バンクを順次整理していくことが決定した。キプロスの銀行におカネを預けていた大口預金者は、最大で6割の元本削減を強いられることになった。すなわち、デフォルトだ。

キプロス政府が大口預金者にも負担を求めた上で、EUからの緊急支援を行う形になり、一応の「体面」は保てた。しかし、キプロスの騒動は「ユーロの瓦解」の1歩目として記録される可能性が濃厚である。何しろ、資本移動の自由が前提の共通通貨ユーロの加盟国キプロスで、「資本規制」が始まったのだ。

資本規制とは何かと言えば、要するに「おカネの動き」を制限する、という話である。既に、キプロスでは銀行が2週間に渡り休業したため、資本規制状態に突入していた。

さらに、キプロス政府は預金の引き出し額の上限を「1日300ユーロ」に制限し、外国への送金にも規制をかけた。すなわち、キプロスの預金者たちにとって、もはや1ユーロは「他のユーロ加盟国の1ユーロ」とは異なるものになってしまったのだ。流動性の低い1ユーロ（キプロスのユーロ）は、流動性が高い1ユーロ（他のユーロ加盟国のユーロ）よりも価値が劣るということになる。

ユーロの「基」とも言えるEUの「欧州連合の機能に関する条約」には、「EU加盟諸国間、及び『第三国』との間の資本移動と代金支払いの両方について規制を禁止する」と書かれている。もちろん、付随条項がついており、公的政策や安全保障を目的に、資本規制をかけることが可能な例外措置がある。キプロス危機において、キプロス政府は公的政策に基づき資本規制をかけているわけで、欧州条約に違反していたわけではない。

とはいえ、キプロス国内のユーロを他のユーロ加盟国との決済のために使うことができなくなった以上、同国は事実上、ユーロを離脱したと考えて構わないだろう。資本移動の規制により、新たにキプロス・ユーロが誕生してしまったのだ。

キプロス金融立国の終焉

キプロスの大口預金者は約6割ものヘアカットを強いられたのだが、残りの4割も、すぐに返済されたわけではなかった。キプロス政府は、預金を引き出す際の資本規制まで始めた。

読者の銀行預金額が、いきなり4割に減少してしまうことを想像してみてほしい。キプロス危機以降、キプロスに預金する外国の大口預金者はいなくなることだろう。

実際、預金封鎖やヘアカットにより、キプロス最大の顧客であるロシア人が離れ始めた。もともと、キプロスの経済は国内総生産（ＧＤＰ）の７割を金融サービスに依存する偏った構造になっていた。キプロス危機の混乱で「経済の中心」である金融サービス業が壊滅的打撃を受けた。

危機以降のキプロス経済は「毎年」10％を超えるマイナス成長が続き、資本移動の規制も長期間に渡り継続することになるだろう。規制を外すと、あっという間に預金がドイツなどの銀行に移ることになる。

キプロス危機は、２０１３年３月26日に、大手２銀行を整理、再編し、10万ユーロを超す大口預金者に負担を強いることが決定され、何とか終焉に向かった。２０１５年４月６日になり、ようやくキプロス政府が13年に導入した一連の資本規制を解除し、キプロス危機は正式に終結したが、同国の金融立国モデルは崩壊した。

生産性の差を補えないユーロ

噴出した「中途半端な国家」の弊害

共通通貨ユーロというのは、本当に歪んだシステムだ。何しろ、一国の国内同様に「製品（モノ）」「サービス」「資本（おカネ）」そして「人」の移動を自由化してしまっている「統一市場」で、通貨まで共通であるにもかかわらず、国家ではない。金融政策は統合しているが、財政政策はバラバラなため、ユーロは「中途半端な国家」であり、その弊害が昨今、次々に出始めているのだ。

ユーロとは、現在の世界で最も「グローバリズム」が進化したシステムと言える。グローバリズムとは、先述の通りモノ（&サービス）、カネ、ヒトという経済の三要素について、国境を超えた移動の自由を拡大することである。共通通貨ユーロは、加盟国間でモノの輸出入に際した関税を撤廃し、サービスの制度を統一し、資本移動やヒトの国境を超えた移動も自由化し、さらに各国が金融政策の独立を放棄することで、共通通貨まで実現してしまったという「究極のグローバリズム」なのだ。

経済原則の1つに、国際金融のトリレンマというものがある。これは「固定相場制」「資本移動の自由」「金融政策の独立」の3つを同時に達成することは不可能という、経済政策上の原則だ。ユーロ加盟国が「共通通貨」を実現するには、各国が金融政策の独立を放棄し、為替レートを対ユーロ加盟国で固定相場にしなければならない。

実は、「固定相場制」「資本移動の自由」「金融政策の放棄」というのは、日本国民が暮らす日本国内で、まさに実現されている。

日本の各都道府県間では、通貨は「日本円」で統一されている。すなわち、各都道府県間で固定相場制が実現しているわけだ。東京の1円は、北海道の1円と同じ価値を持つ。

また、日本国内において、各都道府県間の資本移動は当たり前の話だが自由だ。東京で預金した日本円は、大阪のATMで引き出すことができる。都道府県間を超えて「おカネ」を移動させても、別に構わない。

さらに、各都道府県は金融政策の自由を持っておらず、中央の日本銀行に統合されている。日本銀行以外の「誰か」が日本円を発行すると、逮捕されることになる。もちろん、地方自治体にも通貨発行権はない。

また、当たり前だが、都道府県の県境で「関税」をかけることは不可能だ。日本国内は完全な「統一市場」なのである。こう考えてみると、共通通貨ユーロが真の意味で「統一欧州国家」を作ろうとしている（あるいは「していた」）ことが理解できる。

問題は、ユーロで言えば「各加盟国」、日本国内であれば「各都道府県」の生産性の違いだ。生産性が異なる国同士が「統一市場」で関税や為替レートの変動といった「盾」なしで真っ向から競争すると、確実に勝者と敗者が生まれる。国家が統一市場で敗者になり、貿易赤字や経常収支の赤字を拡大させると、最終的には財政危機に陥る。

日本国内の場合、地域間の生産性の違いを補うために「地方交付税」などの仕組みが完備されている。圧倒的に生産性が高い東京などで、国民が稼いだ所得から税金が徴収され、生産性が低い地域に地方交付税として分配される。地方側は、分配された税金（所得）をインフラ整備などに使い、自らの生産性向上を目指すわけだ。

国家間の所得移転ができず格差が拡大

この種の「生産性の違いを埋めるバッファー」が、共通通貨ユーロには組み込まれていない。結果的に、生産性が高いドイツは、ユーロ発足後にひたすら対南欧諸国の貿易黒字、そして経常収支の黒字を積み重ねていった。その一方で、ギリシャやスペインなどの対独経常収支の赤字が膨れ上がっていったという話だ（181ページ図【ユーロ主要国の経常収支の推移】を参照）。

国民経済の統計上、経常収支の赤字とは「対外純負債の増加」を意味する。生産性が低い南欧諸国は、関税や為替レートの変動により自国市場を守ることができず、ドイツとの生産性の違いも埋められず、毎年「着実に」対外純負債を積み上げていき、最終的には財政危機に陥った。

ちなみに、19世紀後半のドイツ経済勃興期、同国は当時の世界で圧倒的に生産性が高かった英国との競争に打ち勝つために、高関税による保護貿易政策を採った。すなわち、ドイツ経済は「非・自由貿易」により現在の高い生産性を獲得したのだ。

ところが、現在のドイツはユーロ諸国に対し関税や為替レートの変動といった「保護的な政策」を許さず、サンドバッグを叩くように輸出攻勢をかけた。結果的に、ユーロ圏内で「高生産性国は経常収支黒字を拡大し、低生産性国は経常収支赤字が拡大する」、いわゆるユーロ・インバランスが拡大していき、現在の危機を招くに至ったのである。

ドイツが心底「統一欧州国家」を目指したければ、国民の税金を地方交付税的に低生産諸国に移転する仕組みが必要だった。とはいえ、ドイツと南欧諸国はナショナリズムを共有していないため、国家間の大々的な所得移転は政治的に不可能である。

ユーロとは本当に歪んだシステムなのだ。

ギリシャ政府と経世済民

失業とは究極的には「飢え」の問題

先にも書いたが、政府の目的は「利益を上げること」ではない。経世済民の実現である。経世済民とは「世を經《おさ》め、民を濟《すく》う」という意味を持つ。すなわち、国民を豊かにする政策を実施することこそが、政府の目的なのである。

・政府の財政を黒字化する（財政健全化）
・政府の規制を緩和する
・公共投資を削減する
・増税する

などはすべて「手段」であり、目的ではない。経世済民が達成できるのであれば、財政健全化や規制緩和、増税、公共投資削減政策は正しい。経世済民が達成できず、国民が貧しくなってしまうのでは、前記の政策はすべて間違いになる。

ところが、現在の世界の政治家、官僚の多くは、手段と目的を混同している。経世済民という政府の本来の目的を無視し、

「財政は黒字でなければならない」

「効率化のために規制緩和は断行されなければならない」

などと、手段を目的化した主張を繰り広げ、政策を推進している。結果的に、世界は次第に不安定な方向に向かっている。

例えば営利目的の「企業」であれば、何しろ目的が「利益を上げること」であるから、「黒字でなければならない」は正しい。また、利益（黒字）を出すには効率化が必須である。時には人員を削減するリストラクチャリングを断行しても、「利益を上げる」という企業の目的に鑑みると、特に間違っているわけではない。とはいえ、政府と企業は違う。政府は利益を目的とした企業ではなく、「経世済民」が目的のNPO（非営利団体）なのだ。それにもかかわらず、政策という手段を目的化し、国民が所得を得るための雇用の場が失われていくことを放置し、経世済民と懸け離れた状況に至った国が少なくない。

代表が、2008年以降のユーロの問題児、ギリシャである。ギリシャでは、バブル崩壊後に緊縮財政を強行するという愚行を続け、失業率が12年7月に25%を突破してしまっ

た。サマラス政権（当時）はそれでも大々的な雇用対策を打ち出そうとせず、ついには貧困家庭の子どもたちが学校の授業中に「飢え」が理由で気を失うという、おぞましい事態を招いてしまった。

1929年10月のNY株式大暴落に端を発した大恐慌期、米国の失業率は24・9％に達した。当時の米国の都市部では、公共施設や電車の中などで、やはり「飢え」から失神する市民が散見された。

筆者は失業問題について取り上げる際に、

「失業者は所得を得られない。所得を得られないと、最終的には飢えにつながる」

と、繰り返し書いているが、現在のギリシャや大恐慌期の米国は、まさに「失業により飢える」状況に至ってしまったのである。最悪期のギリシャの失業率は、27・4％に達し、大恐慌期の米国をも上回ってしまった。

人間は「モノ（食料）不足」でも飢えるが、失業による所得不足でも飢えるのだ。しかし、日本や米国、そして欧州には「失業」について軽く見る学者、評論家、官僚、政治家が少なくない。失業とは「失業率」「失業者数」といった数字の問題ではなく、究極的には「飢え」の問題なのだ。

過激政党が民衆の支持を伸ばす

ギリシャは、確かにもともと失業率がそれほど低くない国ではあった。それでも、80年以降で見れば「悪くても10％台」程度だったのだ。2008年以降のギリシャの失業率上昇は、明らかに異常事態である。何しろ、「それまでの最悪値」の3倍近くにまで高騰してしまった。

ここまで雇用環境が悪化すると、社会全体が不安定な方向に向かわざるを得ない。ギリシャの「失業による飢えの拡大」は、経世済民の達成どころか、社会全体を壊す可能性を秘めている。誰でも飢え死にするのは嫌であるため、最後には暴動や犯罪に手を染めてでも、食料を手に入れようとする。

具体的に「何％の失業率で社会が壊れるのか？」といったレッドラインは引くのは難しいが、例えばドイツでは32年に失業率が43・3％に達した結果、翌年、ヒトラーを首班としたナチス政権が誕生した。そして、現在、ギリシャで支持を伸ばしている政党が、「黄金の夜明け」である。

黄金の夜明けは、これは「極右」と表現しても構わないラディカルな政党で、何しろ、

「外国人を全員追い出し、国境線に地雷陣を敷け！」

という公約を掲げ、2015年9月のギリシャ総選挙で7％の得票率で、18議席を獲得した。信じがたい話だが、現在のギリシャ国会において黄金の夜明けは「第三党」なのである。

2015年は、ご存じの通りシリア・イラク難民を中心に、100万人を超す中東難民が地中海を渡り、ギリシャ経由で西欧諸国（ドイツ・スウェーデンなど）に雪崩れ込んだ。難民たちはまずはエーゲ海の島々を目指し、ギリシャから北上するルートでドイツやスウェーデン、イギリスを目指した。

結果的に、ギリシャでは排外主義的な勢力が力を増すのは分かるのだが、それにしても「黄金の夜明け」が第三党というのは、さすがに危険すぎる。現状の高失業率が続き、さらにギリシャの難民・移民問題が解決しない限り、最終的にギリシャの民主主義が壊れてしまう可能性は、決してゼロではないだろう。

ユーロの本当の狙い

金融政策の手足を縛るシステム

共通通貨ユーロの「狙い」とは、何だろうか。

2012年6月26日、英国の大手紙「ザ・ガーディアンズ」のグレッグ・パラスト記者が「Robert Mundell, evil genius of the euro（ロバート・マンデル、ユーロの邪悪なる天才）」というタイトルで、共通通貨ユーロの「設計者」であるマンデル教授の「構想」をスクープした。ロバート・マンデル教授は、新古典派経済学の権威で、金融緩和論者が好む「マンデル・フレミング・モデル」の産みの親でもある。共通通貨ユーロの基盤となっている思想は、マンデル教授の最適通貨圏の理論、すなわち「同一通貨を使用する地域がどのような条件を満たせば最適な規模になるか」なのである。

パラスト記者が直接マンデル教授から聞いた話によると、ユーロは最適通貨圏理論とは無関係に、そもそも「危機の時に真価を発揮する」システムとして設計されたとのことである。現在のユーロの経済的混乱は、別に「想定外」というわけでも何でもない。むしろ、現在の状況を引き起こすためにこそ、ユーロは設計されたと、マンデル教授は解説する。

まずは為替レートに対する政府の干渉を排除することで、不況期に「ケインズ的な金融、財政政策」を採りたがる厄介な政治家を「妨害」することができる、という話なのだ。「政治家の手が届かないところに、金融政策を置く。金融政策と財政政策が使えないとなると、雇用を維持する唯一の解は、競争力を高めるために規制を緩和することのみである」と、マンデル教授は語っている。

経済危機に陥っても、民主主義により選ばれた政治家がケインズ的（金融政策＋財政政策など）な政策を打てないとなると、マンデル教授の言葉通り、政府は「規制緩和」を推進するしかない。規制緩和や公共サービスの民営化が推進されれば、もともとは無関係だったグローバル資本の「ビジネス」が生まれる。ユーロの加盟国が危機に陥り、手足を縛られた政府が規制緩和、民営化をすることで、「所得上位層1％」のグローバル投資家の所得が拡大するわけだ。

そもそも、ある国が「金融政策」「財政政策」「規制緩和」等の経済政策を実施するか否かは、各国の主権の問題である。初期段階の安倍政権のアベノミクスの「第一の矢」と「第二の矢」、金融政策と財政政策のパッケージは、正しいデフレ対策だった。わが国がデフレに陥っている以上、正しいデフレ対策を実施するか否かは、わが国の主権の問題だ。

少なくとも日本国民は、12年12月の総選挙で「正しいデフレ対策」を訴えた安倍自民党を選択した。インフレ率上昇の期待が高まると、円安になる。わが国の為替レートが下がると、ドイツ、中国、韓国などが文句をつけてくるが、

「別に、わが国は為替介入を実施しているわけではない。デフレ脱却を目指し、正しいデフレ対策を実施しているにすぎない」

と、突っぱねれば済む話だ。わが国が「正しいデフレ対策」を実施するか否かは、まさしく「日本の勝手」なのである。

規制緩和で得をする「1%所得者層」

とはいえ、バブル崩壊でデフレに陥った国が「正しいデフレ対策」を実行に移すと、困った立場に追い込まれる人々が出てくる。すなわち、政府の規制緩和や公共サービスの民営化により、「レント・シーキング」を狙っていた「1%所得者層」あるいはグローバ

ル投資家、グローバル企業である。

日本が「正しいデフレ対策」でデフレから脱却すると、名目GDPが成長を始める。名目GDPが成長すると、税収増により財政が健全化してしまう。財政が健全化すると、「1%層」及び彼らの「ポチ」である政治家、経済学者、評論家たちは、「政府はムダを削減しろ！ 公共サービスの民営化だ！ 各種の規制を緩和しろ！」と主張できなくなってしまうのだ。

というわけで、規制緩和や民営化で「1%層」のビジネス拡大を狙っている人たちにとっては、政府に「金融政策」と「財政政策」のパッケージ、すなわちケインズ的な政策を採られるのが最も困る。ならば、政府から金融政策、財政政策の主権を奪ってしまえばいい。というわけで、設計図が描かれたのが「共通通貨ユーロ」なのである。

図の通り（169ページ図【ユーロ主要国のインフレ率の推移】を参照）、現在のギリシャは完全にデフレ化している。とはいえ、ギリシャ政府は独自の金融政策を採ることができない。すべてのユーロ加盟国は、金融政策の権限をECB（欧州中央銀行）に委譲している。さらに、ギリシャ政府は財政的な主権も奪われつつある。EUやIMFから緊急融資を受けた代償として、公務員削減などの緊縮財政を強要されているのだ。

金融、財政という二大主権を喪失している以上、ギリシャ政府の雇用対策は限定されざるを得ない。すなわち、規制緩和だ。さらに、ギリシャ政府は莫大な対外負債を返済するために、国内の公共サービスを民営化し、国有財産を切り売りしている。ギリシャの公共サービスや国有資産を買ったのが「誰」なのか、今さら言うまでもない。

信じられないかもしれないが、これがユーロの現実だ。そして、日本国内においても、やたら「規制緩和」「公共サービスの民営化」を叫ぶ人たちがいる。彼らの後ろに「誰」がいるのか、一度、ぜひとも考えてみてほしい。

財政均衡主義という魔物

インフラ整備ができなくなったドイツ

現在は日本のみならず、世界各国が「財政均衡主義」という魔物に襲われている状況にある。少なくとも現在の「財政均衡主義」は単なるイデオロギーであり、国民を豊かにするという「経世済民」の精神は全くない。

筆者は別に「財政均衡主義は悪である」などと言いたいわけではない。政策とはすべてタイミングであり、それ自体は善でも悪でもない。各国でバブルが崩壊し、経済がデフレ化しつつある状況での財政均衡主義は、国民を貧困化し、国家の安全や安定、さらには「経済成長」すら奪い取ることになるため「悪」である、と書いているだけだ。

財政均衡が善になる時期も、もちろんある。例えば、国民経済の供給能力が不足し、インフレ率の上昇が止まらない時期には、政府は財政均衡どころか「財政黒字」を目指すべきだ。すなわち、増税や政府支出の削減により需要を縮小させ、供給能力とバランスをとる必要があるのである。

逆に、デフレで国民がカネを使わない状況における財政均衡主義は、これはもはや災厄でしかない。そもそも、国民がカネを使わず、需要が供給能力に追いつかないからこそデフレが深刻化している環境下において、政府までもが率先して需要収縮に励むのだ。当然ながら、国民経済において「カネが使われない」という状況が悪化し、物価は下がり続けることになる。

加えて、政府は「国民の生命と安全を守る」ための支出すらできず、特に道路、橋梁、港湾、トンネルといったインフラストラクチャーが崩壊していく。当たり前の話だが、インフラが老朽化し、利用不可能になった国が「経済成長」するなどあり得ない。

日本では、ようやく、「せめて更新投資（メンテナンス）だけでも増やさなければまずいのではないか？」という意見が増えてきたが、欧州では、インフラの老朽化対策すら「節約」が続けられている国が実在する。ずばり、ドイツである。

2013年6月、ドイツ経済研究所がショッキングなレポートを発表した。1999年以降、ドイツでは国内インフラの維持などに必要な投資額が、毎年平均750億ユーロ（10兆円弱）不足し、経済成長率が押し下げられているとのことである。

速度無制限で有名なドイツの高速道路ネットワーク、すなわち「アウトバーン」は、最も交通量が多いA1号のライン橋で、制限速度が時速60キロに制限されてしまった。それどころか、今年の3月までは重さ3・5トン以上の車は通行禁止になっていたのだ。橋に亀裂が見つかり、応急措置が必要になったためである。また、アウトバーンのA52号線は、一部の片側路線が「閉鎖」された。ベルリンでは一般道路の痛みが激しく、制限速度が「10キロ」に下げられてしまい、市バスが路線変更せざるを得ない区間もある。ドイツの自治体連盟のウベ・ツィンマーマン副事務局長は、アウトバーンで「完全通行禁止になる橋が出てくるのは時間の問題」と語っている。

それにもかかわらず、ドイツ政府はインフラのメンテナンスに本格的に乗り出そうとはしない。理由は、「財政均衡主義」に反するためだ。

現在のドイツでは、与党どころか野党までもが財政均衡主義に染められ、「新たな支出増」を政治家が言い出せない状況になっている。確かに、日本もこの種の傾向があるが、ドイツのほうが間違いなく酷い。

「経世済民」よりルールが優先する異様さ

ドイツで国民までもが「財政均衡主義」を支持するのは、例の「国の借金は子や孫が負う借金」という間違ったレトリックが浸透してしまっているためである（日本も同じだが）。

そもそも、国の借金ならぬ「政府の負債」は、経常収支黒字国にとっては「子や孫が負う借金」でも何でもない。経済が健全なインフレ率を伴い成長していけば、国民の所得（GDP）が増えていく。GDPが増えていけば、自然と政府の負債の対GDP比率は下がる。いわゆる財政健全化とは、政府の借金を「減らす」ことではない。政府の負債対GDP比率を引き下げることで、そのために必要なのは負債削減ではなく、GDPの拡大である。そして、政府が「財政均衡主義」に侵され、インフラのメンテナンス投資すら逡巡するような事態に陥ると、当然ながら経済成長率は落ちる。また、バブル崩壊後のデフレの国において、政府が自ら需要（消費、投資）を創出することを怠れば、いつまでたっても「健全なインフレ率」を取り戻すことができず、堅実な経済成長ももたらされない。

それにしても、経常収支黒字国で、政府の負債拡大余力が十分にあるはずのドイツが、なぜここまで財政均衡主義を貫くのか。答えは簡単だ。「憲法で決まっているから」である。

現在のドイツ連邦政府及び州政府は、原則として歳入と歳出を均衡させなければならない。ドイツは財政均衡主義を憲法に書いているのだ。リーマンショック後の09年にドイツは憲法（基本法）を改訂し、債務ブレーキ条項を追加した。

もちろん、災害時などには例外が認められるが、それにしても2016年以降のドイツ連邦政府は、対GDP比でわずか0・35％の国債発行しかできなくなる。

さらに酷いことに、ドイツは財政均衡主義をEU諸国（イギリスとチェコを除く）に押し付けようとしている。EU諸国は新財政協定により、近い将来、財政均衡主義を憲法に書かなければならないのだ。

現在は日本、ドイツ、欧州諸国のみならず、米国までもが「財政均衡主義」という魔物に襲われている。このドグマ的な財政均衡主義から最も早く決別することができた国が、次の世界経済の規範（ロールモデル）となるだろう。

ドイツの財政均衡を読み解く

誰かが貯蓄を増やせば誰かが貯蓄を減らす

「ドイツが来年には新規国債ゼロに、1969年以来初」

ショイブレ独財務相は9日、来年には1969年以来初めて、新規の国債発行がゼロになる、との見通しを明らかにした。

一方で、欧州連合（EU）の安定成長協定の達成にはまだほど遠い、とも主張、ドイツが今後も財政の健全化努力を続けることは正当化される、との認識を示した。

（後略）


（ロイター通信2014年9月9日）

「大原則」だが、この世界で、「全員が同時に貯蓄を増やす（あるいは負債を減らす）【資金余剰】状態になることはあり得ない」。誰かが貯蓄を増やす資金余剰の反対側で、必ず別の誰かが貯蓄減少（「負債増加」を含む）という資金不足の状況になっている。理由は、所得創出のプロセスを整理すれば理解できる。

ある国に、A氏とB氏とC氏が住んでいたとする。それぞれの所得は１００万円で、合計は３００万円である。３者が１００万円を稼ぎ、20万円を預金（銀行は存在する）した。すなわち、消費もしくは投資として、それぞれが80万円を支出したわけだ。

すると、「次の段階」の３者の所得の合計は、３００万円から２４０万円に減少してしまう。所得とは「消費、投資として使われた金額」という定義になる。

この時点で、銀行には3者の預金（貯蓄）が合計60万円存在する。銀行で凍りついた貯蓄分（預金）を誰かが借り入れ、消費や投資として使ってくれなければ、各人の所得はひたすら減少していく。何しろ、貯蓄とは、消費や投資として使われなかったお金、という意味を持つのだ。

一定期間の各経済主体、すなわち家計、企業、政府、外国という、各経済主体の資金の過不足を示す資金循環統計を「資金過不足」と呼ぶ。現在の日本は、家計と企業が資金余剰（貯蓄増）の状況が続き、反対側で政府の資金不足が継続している。すなわち、政府が負債を増やしているという話だが、現在の日本が、「政府は借金をするな（＝資金不足を解消せよ)」などとやってしまうと、国民の所得が激減する。すなわち、所得の合計であるGDPが大幅なマイナス成長になるだろう。資本主義経済とは、誰かが貯蓄されたお金を借り入れ、消費・投資として使わなければ、成長のしようがないのだ。

経済学的には資金過不足は以下の組み合わせが最適と考えられている。

・家計：資金余剰
・企業：資金不足
・政府：収支均衡(＝財政均衡)

最も脆弱な経済主体である家計が預金(貯蓄)を増やし、企業が借り入れ、設備投資に使い、政府は財政均衡を維持するわけだ。とはいえ、バブル崩壊後にデフレに陥った国では、企業が借金返済や銀行預金(共に「貯蓄」)に走るため、政府が資金不足(負債増加)にならざるを得ない。

現実の資金過不足の統計では、上記3つに加え「外国(日本では「海外」と呼ぶ)」という経済主体が存在する。繰り返すが、上記4つの経済主体が、同時に資金余剰状態にはなれない。ある経済主体が資金余剰(貯蓄増加もしくは負債減少)になったとき、その分、別の経済主体が必ず資金不足(貯蓄減少もしくは負債増加)になる。さもなければ、その国の国民経済は「GDP激減」という憂き目に遭うことになる。

日本には不可能なドイツの離れ業

現在のドイツは、家計と企業が資金余剰状態にある。長期金利が1％未満と、極端な水準にまで落ち込んでいることが、その証しである。ドイツでも、民間の資金需要が細っているのだ。結果的に、銀行は預金を国債で運用せざるを得ず、長期金利は低迷している。

それにもかかわらず、政府までもが財政均衡を達成するということは、「家計」「企業」「政府」以外の誰かが資金不足を引き受けていなければならない。ドイツの場合、もちろん「外国」だ。

外国に経常収支の赤字（ドイツから見ると黒字）という資金不足を押し付け、ドイツは「家計」「企業」「政府」が同時に資金余剰（もしくは収支均衡）になるという離れ業を達成したのだ。

ドイツは08年までは、為替レートが変わらない「共通通貨ユーロ」を活用し、ユーロ圏内への輸出を増やし、経常収支黒字を拡大していった。08年にユーロ危機が勃発すると、ユーロの為替レートは他通貨に対し、大幅に下落した。すると、今度は「ユーロ圏外」への輸出を増やし、経常収支の黒字を維持した。

ドイツの財政均衡は外国の経常収支赤字、すなわち「外国の資金不足」により達成されたのである。同じ真似は、ユーロ加盟国ではない日本には不可能だ（181ページ図【ユーロ主要国の経常収支の推移】を参照）。

日本には、資金循環統計や、ドイツが「なぜ、財政均衡になったのか」を全く理解せず、単純に「ドイツに学べ」と暴論を吐く論者が少なくないので、注意が必要だ。

第7章

TPPは海外企業・投資家に特権を与える不平等条約

TPPとグローバリズム

「資本移動の自由」でさまざまな問題が発生

本書では、ユーロ・グローバリズムとその失敗について取り上げているが、日本が属するアジア太平洋地域で推進されている「グローバリズム的施策」は何だろうか。もちろん、TPP（環太平洋経済連携協定）だ。

①モノ・サービスの移動の自由化
②資本の移動（直接投資、証券投資）の自由化
③労働者の移動の自由化

TPPはユーロ・グローバリズム同様に、上記のコンセプトをきちんと踏襲している。無論、③の労働者の移動の自由については、当初は専門職に限定される。とはいえ、方向的には単純労働者を含めた「すべての労働者」の移動の自由を認めていくのは間違いない。

既にユーロ圏は「シェンゲン協定」により、労働者だろうが観光客だろうが、国境検査

が行われない状況になっている。例えば、不法移民がトルコからギリシャに渡ると、そこから先は一切の国境検査なしでドイツやフランス、オランダ、ベルギーなど、シェンゲン協定加盟国に自由に移動できるのである。

別に、ベトナム人に含むところは全くないのだが、ベトナムの国民所得は日本の36分の1の水準だ。しかも、カナダ、メキシコを加えたTPP加盟検討諸国（P11諸国）の中に、日本のような製造業大国は1つもない。日本がTPPに参加し、最終的に単純労働者の移動の自由が認められると、わが国の製造業が「低コスト」なベトナム人労働者を雇用していき、日本人労働者を解雇するのを止められるとは思えない。

それに対し、日本政府が「もっと日本国民の雇用を大切にしてくれ」と言った場合、企業側はこう返すことになるだろう。

「資本移動の自由が認められている以上、われわれ製造業は別に外国に工場を移しても構わないのだ。そうすれば、日本政府に法人税を納めることもなくなる。ベトナム人の雇用を増やしているとはいえ、わざわざコスト高な日本に工場を残し、法人税を納めてやっているわれわれに対し、何たる言い草だ。いっそ、日本から他のTPP加盟国に工場を移すぞ」と。

筆者が「グローバリズム」の中で特に問題だと思っているのが、②の資本移動の自由化である。資本移動の自由が認められると、製造業は「日本で生産しなくてもいい」という話になってしまう。さらに、日本の製造業の株式に占める「グローバル投資家」のシェアが高まってくると、経営者が、

「純利益を増やし、配当金を拡大し、株価を高めるためには、日本国民の雇用や所得のことなど気にする必要はない」

という発想になってしまうのだ。結果的に、企業と国民の利益に乖離が生じ、さまざまな問題を引き起こすことになる。現在のユーロ問題、米国の「1%対99%」の問題、さらに日本のTPP加盟問題の大元は、グローバリズムの進展、特に「資本移動の自由拡大」があるのである。

抽象的にしか説明できないTPPのメリット

TPPに話を戻すが、2016年2月4日にニュージーランドで署名した参加国のGDPをグラフ化したものが図になる。ご覧の通り、日本と米国だけでTPP加盟予定国のGDPの8割弱を占める。

［図］2014年 TPP加盟国のGDP

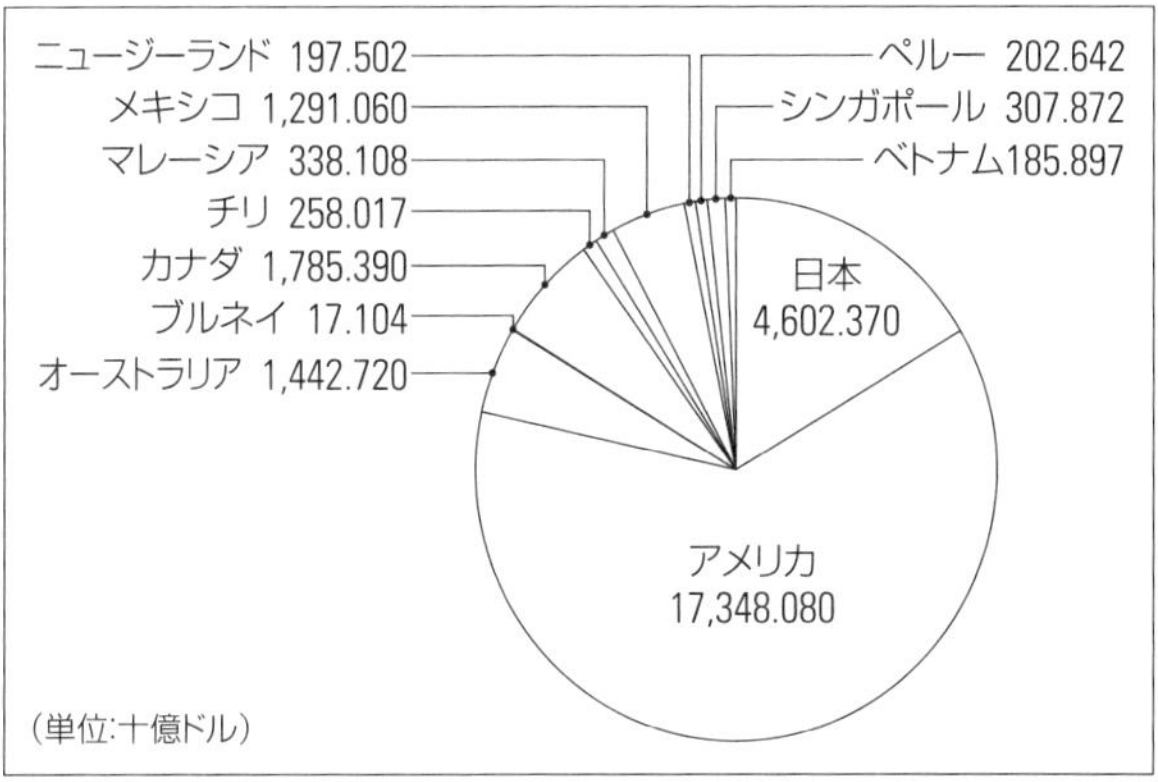

出典：JETRO

マスコミに登場するTPP推進派は、上記の類のデータを全く示さずに、ひたすら「抽象論」で日本のTPP参加を煽ってくるわけだから、本当に困ったものだ。

「時代はグローバリズムです。アジアの成長を取り込むのです。自由貿易は自由だからやるのです。米国との関係強化です。対中国包囲網です。TPP加盟国間で自由に貿易やサービスの輸出入をすれば、物価が下がりますよ！　素晴らしいでしょう」

グラフを見れば一目瞭然だが、国民経済の規模で見た場合、TPPに「アジア」などない。一応、マレーシア、シンガポール、ブルネイ、ベトナムの4カ国はP11諸国に名を連ねているが、これら4カ国とわが国は既に経済連携協定を結んでいる。TPPに加盟せずとも、アジア4カ国の成長は取り込めるのだ。

さらに「自由貿易」「米国との関係強化」「対中包囲網」などと抽象的用語ばかりを並べ立てるのでは、TPPが何を目的にしているのかさっぱり分からなくなる。米国との関係を強化し、対中国の包囲網を構築するためのTPPというのであれば、これは自由貿易というよりは経済のブロック化だ。というよりも、TPPはユーロ同様に、加盟条件が極めてきつい（敷居が高い）ため、もともと「ブロック経済」の要素を多数、含んでいるわけだ。別に、筆者はTPPが「自由貿易」だろうが「経済のブロック化」だろうが、どちらでも構わないが（いずれにせよ反対なので）、せめて推進派で概念を統一してほしいと切に願う。

ちなみに、筆者が日本のTPP参加に反対する最大の理由は、現在が「デフレ期」であるためだ。確かにTPP推進派の言う通り、日本がTPPに参加すると、市場競争がさらに激化し、物価やサービス価格が下がっていくだろう。というわけで、TPP推進派は、「デフレ（物価下落）に苦しむ日本は、物価下落を促進するTPPに参加すべき」と言っているに等しく、この時点で彼らがTPPやデフレについて真剣に考えていないことが丸分かりになってしまうのだ。

TPPのメリットは何なのか？

幅広い分野で「主権喪失」になるTPP

2016年2月4日、ニュージーランドでTPP署名式が行われた。TPPについて「主権侵害である」という認識のもと、反対の論陣を張ってきた者として、慚愧の念に堪えない。特に、「関税自主権」を取り戻すために、国家を上げ取り組み、日清戦争、日露戦争と二度の戦争を戦い抜いたわが国の先人に対し、恥ずかしく、情けない気持ちでいっぱいだ。

TPPは「関税自主権」のみならず、医療、金融、公共調達などのサービス分野に加え、「投資」の自由化までをも含む幅広い「主権喪失」になる。何しろTPPの章は30もある。

TPP暫定合意によると、関税の撤廃については以下の通り協定が締結されることになる。

「いずれの締約国も、この協定に別段の定めがある場合を除くほか、原産品について、現行の関税を引き上げ、または新たな関税を採用してはならない。

各締約国は、この協定に別段の定めがある場合を除くほか、原産品について、附属書二－D（関税に係る約束）の自国の表に従って、漸進的に関税を撤廃する。」

まさに、関税自主権の喪失以外の何ものでもない。

ちなみに、附属書二－Aは輸出入の「内国民待遇並びに輸入及び輸出の制限」なのだが、そこに日本の「措置」はなかった。カナダやアメリカ、ベトナム、メキシコなどは、さまざまな「措置」で例外を残しているのだが、日本の場合は全面的に内国民待遇というわけである。（内国民待遇とは外国の企業・投資家を自国の企業・投資家と同等「以上」に優遇することを意味する）

附属書二－Dには、農業関連の関税について細かい「表」があり、コメなどについては関税が維持されている。コメはアメリカとオーストラリア向けに無関税の輸入枠（7・8万トン）を設置し、現行関税は維持。牛肉は、38・5％の関税を段階的に9％にまで引き下げ、などになる。とはいえ、関税が維持された重要5品目についても、最終的には「例外なき関税撤廃」ということになりそうだ。

「ＴＰＰ交渉差し止め・違憲訴訟の会」の分析によると、日豪ＥＰＡが、

「締約国は、別段の定めがある場合を除くほか、自国の表に従って関税を撤廃し、または引き下げる」

と、「引き下げる」という文言が入っているのに対し、ＴＰＰは、

「締約国は、別段の定めがある場合を除くほか、漸進的に関税を撤廃する。」

となっている。

また、関税撤廃の除外規定は、日豪ＥＰＡにはあるのだが、ＴＰＰにない。

[図] TPPの30の章

- 前　文
- 冒頭の規定及び一般的定義
- **内国民待遇及び物品の市場アクセス**
- 原産地規制及び手続き
- 繊維及び繊維製品
- 税関手続き及び貿易円滑化
- 貿易上の救済
- 衛生植物検疫措置
- 貿易上の技術的障害
- **投　資**
- 国境を超えるサービスの貿易
- **金融サービス**
- ビジネス関係者の一時的入国
- 電気通信
- 電子商取引
- 政府調達
- 競争政策
- 国有及び指定独占企業
- 知的財産
- 労　働
- 環　境
- 協力及び能力開発
- 競争力及びビジネスの円滑化
- 開　発
- 中小企業
- **規制の整合性**
- 透明性及び腐敗行為の防止
- 紛争解決
- 例外及び一般規制
- 最終規制

しかも、将来的な再協議に対する考え方が、日豪EPAは、「合意を先送りした品目」が対象であるのに対し、TPPは7年後に、「一度合意したものを含め全般について再協議」と、なっている。

要するに、一度「関税を残す」と判断された農産・畜産品についても、7年後に再協議し、「関税の撤廃」を目指すという話なのだ。しかも、この「七年後の再協議」が義務付けられたのは、わが国だけである。

コメや牛肉などの関税は、「七年間の猶予」で残された、という話である可能性が濃厚だ。何しろ、そもそもTPPは「例外なき関税撤廃」であり、条文でも「漸進的に関税を撤廃する」になっているわけである。ちなみに日本の農産物関税について「別段の定め」がないか、探してみたのだが、特に記載されていなかった。

安倍総理は、TPP暫定合意を受け、聖域5品目の関税維持など自民党の公約に関し、「約束はしっかり守ることができた」

と、豪語していたが、現実には「関税撤廃時期の先延ばし」をしたにすぎないのだ。

結局、TPPにより日本は再び関税自主権を喪失し、同時に「関税撤廃」を強いられた。という話になるわけだ。

メリットが見えてこないTPP

ＴＰＰの関税問題（物品の市場アクセス）に対する他国の姿勢がどうか、最も典型的な「工業製品」について書いておこう。

２０１５年10月20日に内閣官房から公開された「ＴＰＰ関税交渉の結果」によると、工業製品に関する各国の関税「即時」撤廃率は図の通りとなっている。

実は、工業製品の関税即時撤廃率が最も低いのが「アメリカ」なのだ。逆に、日本の即時撤廃率はシンガポールに次いで高くなっているが、わが国はそもそも工業製品についてほとんど関税をかけていない。即時撤廃率とはいっても、ＴＰＰ発効後に日本が関税を改めて撤廃する分野は、工業用アルコールや繊維製品など、極一部に限られている。

[図] 工業製品に関する各国の関税「即時」撤廃率

日本	99.1%
アメリカ	67.4%
カナダ	68.4%
ニュージーランド	98.0%
オーストラリア	94.2%
ブルネイ	96.4%
チリ	98.9%
マレーシア	77.3%
メキシコ	94.6%
ペルー	98.2%
シンガポール	100.0%
ベトナム	72.1%

また、同じく２０１５年10月に経済産業が公表した「ＴＰＰ協定における工業製品関税（経済産業省関連分）に関する大筋合意結果」によると、アメリカは日本からの輸入が多い自動車分野において、乗用車（現行２・５％の関税率）は15年目に削減開始、25年目で撤廃。バス（同２％）は10年目に撤廃。トラック（同25％）は29年間、関税を維持した上で、30年目に撤廃。キャブシャシ（同４％）は15年目に削減開始、25年目に撤廃となっている。

アメリカが自国の自動車市場について、競合である日本製品から「保護する」姿勢を見せているのは、誰の目にも明らかなのだ。

アメリカはＵＡＷ（全米自動車労組）が大きな政治力を持っている以上、当然である。特に、アメリカ政府は利幅が大きいＳＵＶ（スポーツ・ユーティリティ・ビークル）を「なぜか」含むトラックの関税について、可能な限り高く、長期間維持しようとする。ＳＵＶはビッグスリーの命綱であるため、簡単に関税が撤廃されるはずがないと予想していたわけだが、やはりそうなった。

また、自動車部品については、ギアボックス（同２・５％）などについては即時関税が撤廃されるものの、車体（同２・５〜４％）は６年目、タイヤ（同３・４〜４％）は10年

[図] TPP参加予定国に対する日本の輸出（2014年）

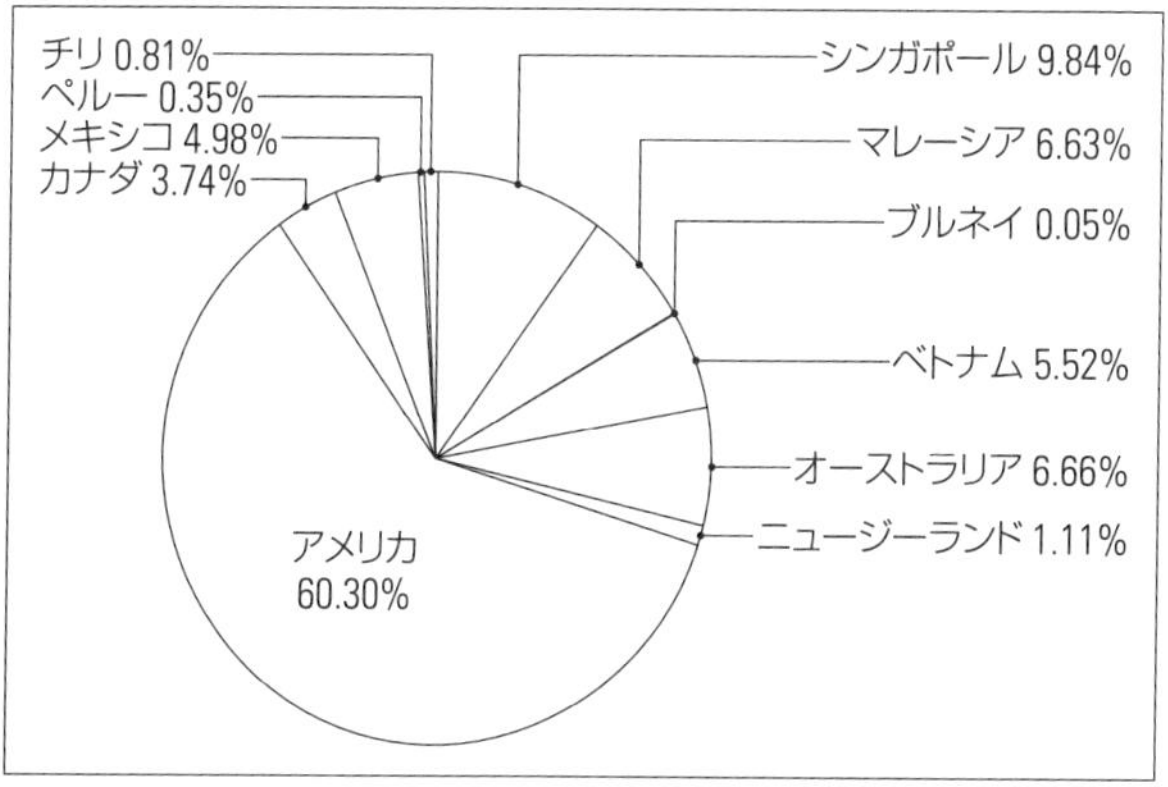

出典:JETRO

目。電気自動車用リチウムイオン電池（同3・4％）については、15年目に撤廃となっている。

日本の対米輸出を財別にみると「自動車」が26％（2014年）を占め、財別シェアでトップだ。そもそも、関税率25％トラックを除き、アメリカの自動車関連の関税率は総じて低いのである。「低い関税」の撤廃時期が、乗用車は15年目以降、関税率が高いトラックは30年目以降となっていることになる。

図の通り、TPP参加予定国に対する日本の輸出を国別にみると、約60％がアメリカであり、圧倒的なシェアを占めている。TPPが発効したとしても、日本の対米輸出が短期で増えるなどということはあり得ない。

逆に、わが国は医療、金融、公共調達、知的財産権等の構造改革を強制され、聖域だったはずの農産品についても、7年後に「関税撤廃へ向けた再協議」という話になってしまった。一体全体、何のための「TPP」なのだろうか。わが国の各種安全保障の弱体化と引き換えに、アメリカを中心（日本も含む）とするグローバル投資家、グローバル企業の「利益を最大化する」こと以外に、何か目的があるとでも言うのか。

日本にとって、最大のメリットは（無理やり探すと）、アメリカのトラック（SUV含む）の関税撤廃なのだが、30年後のことである。それまで、25％の関税はガッチリと維持される。30年後には、日本の構造改革は完了していることだろう。

ＥＵとＴＰＰの共通点から日本が学ぶこと

ナショナリズムとグローバリズム

16年6月23日、イギリス国民は「ＥＵ」という国際協定によるグローバリズムから離脱する選択をした。そもそも、「欧州合衆国への道」の始まりは、ドイツ－フランス間の石炭資源と鉄鋼業を、国際協同管理の下に置くことで口火を切った。すなわち、１９５２年7月23日の欧州石炭鉄鋼共同体設立である。

当初の加盟国は、フランス、ドイツ、イタリアにベネルクス三国を加えた、計６カ国であった。

１９５８年1月1日、欧州経済共同体及び欧州原子力共同体が発足。１９６７年には欧州諸共同体（ＥＣ）という枠組みが作られ、３つの共同体が吸収された。

その後、１９７３年にイギリスがＥＣに参加する。

お分かりだろうが、欧州連合はそもそも「経済分野」の共同体としてスタートしたのだ。すなわち、モノ、サービス、カネについて「共同の市場」を作るという国際協定だったのである。

ところが、1981年のEU（欧州連合）創設を定めたマーストリヒト条約から、がらりと様相が変わる。EU発足以降、経済に加えて「価値観」「政治」「安全保障」までをも統制する国際協定と化してしまった。

イギリス保守党で、それまでは経済的な理由から「EC」を支持していた人々は、「EU」になった途端に「裏切られた」と、反EU的になっていく。

実は、英国独立党のファラージュ元党首も、マーストリヒト条約を契機に保守党から鞍替えした一人である。

マーストリヒト条約以降、例えば、イギリスは、「労働者は連合内を自由に移動する権利をもつものとする」といった「EU的価値観」を強制されるようになり、国民（特に中間層以下の国民）に鬱屈が貯まっていく。

そして、2004年以降の東欧諸国のEU加盟により、イギリスにポーランドやルーマニアなどから膨大な外国人労働者が流入。彼らは、所得水準が違うため、最低賃金以下で

も働く。（経営側が最低賃金を支払っていても、仲介企業が「抜く」ため、事実上、最低賃金以下の労働になる）

イギリス人労働者の賃金が抑制されると同時に、学校では「英語を話せない子供」が増えていく。結果、小学校などで授業が成り立たないケースが出てきた。

特に、08年バブル崩壊と緊縮財政による経済のデフレ化、実質賃金の長期低落により、国民は移民増大に耐えられない状況に追い込まれていった。

何を言いたいかといえば、「TPP（環太平洋経済連携協定）」である。TPPには、現時点では確かに「労働者の国境を越えた移動の自由」は含まれていない。

とはいえ、国際協定とは「進化」するものなのだ。将来的に、TPPが「裏切りの条約」に改訂されないとは言えない。というより、改訂されない方がおかしい。

EUとイギリスの現状を見ていれば、日本のTPP批准が「取り返しがつかない第一歩」になる可能性があることが理解できるはずだ。

「入ってみて、ダメだったら抜ければ良い」は、現実には通用しないのだ。

イギリスの国民投票の結果を受けて、経団連の榊原会長は、「ナショナリズム」が他の

国々に波及するのを断ち切ることが経済にとっても重要であるとの認識を示した。榊原会長は、16年6月26日に、

「イギリスが選択したのはうち向き思想、ナショナリズム、保護主義、孤立主義、そういったグローバル経済と逆の動きですよね。そういった考え方が広がってくる。そういったことを懸念する」

と、発言。

別に、ナショナリズムは「うち向き思想」「保護主義」「孤立主義」とイコールではない。と言うよりも、ナショナリズムにせよ、グローバリズムにせよ、「1かゼロ」しかないような印象を与える発言は、極めて問題があると思う。

「極端なナショナリズム」と「極端なグローバリズム」の間で、適切なポイントを探るのが国家の「知恵」というものなのだ。現在の世界は、「極端なグローバリズム」の方向に傾いてしまい、各種の問題が解決できない状況になっている。

イギリスの場合は、

「外国移民と緊縮財政、経済のデフレ化で、国民の実質賃金が下がり続けているにも関わらず、外国移民を主権に基づいて制限することができない」

という問題が発生していた。

上記問題の解決のために、イギリス国民は「ナショナリズム」の方向に天秤を戻そうとしたわけで、国家の存在意義を、

「国民経済は国民を豊かにするために存在するべき」

という価値観に基づけば、明らかに正しい。

無論、

「国民がどれだけ貧しくなっても、グローバル化が推進されるべき」

という価値観を持っている人にとっては、今回の離脱派勝利は「とんでもない愚行」という話になるわけだ。この種の国家を否定するグローバリストたちが幅を利かせた結果、民主主義との衝突が起きているのが、現在の世界の「根幹」なのである。

そもそも、ナショナリズムとは、国民主義である。厳密には、国家という共同体を維持し、インフラや安全保障を「国民の負担」で建設、維持し、非常事態発生時には「国民同士」で助け合おうという精神こそが、ナショナリズムになる。

ナショナリズムなしでは、

「国家の基盤たるインフラストラクチャーの整備を、国民負担で建設する」

「国民健康保険を、国民同士が互いの医療費を（いざというとき）負担することで維持する」

「外敵に対し、防衛力を保持し、コストを国民が税金で負担する」

「大震災発生時に、被災地を同じ国の他の地域が助ける」

ことが不可能になる。

経団連の榊原会長は、インフラが未整備で、医療保険までもが民間のビジネス（お金儲け）と化し、防衛力を持たず、震災発生時に被災地が見捨てられる「日本」を望むのだろうか。現在の日本国が、安倍政権の各種構造改革により、「そういう日本」に近づいているのは確かではあるが。

それはともかく、グローバリズム的あるいは「経済学的」には、

「インフラはコンセッション方式で、民間が建設し、利用料を徴収すればいい」

「健康保険は、普通に民間の医療保険がある」

「防衛はＰＭＣ（民間軍事会社）にカネを払って、サービスを供給してもらえば済む」

「大震災に備えるならば、個人が保険に入っておけばいいだけの話」

と、それなりの（正しいとは思わないが）解決策が用意されている。

榊原会長は、上記の類の日本国を望むのか。恐らく、違う。

何も考えず、思考停止的に「グローバリズムが正しい」と妄信しているだけなのではないか。この種の思考停止こそが、最終的に国家を全体主義へと追いやり、国民を不幸にする。

しかも、榊原会長が思考停止的に「ナショナリズムを断ち切ることが重要」と語ると、それを聞いた国民が、またまた思考停止的に「その通り」と思い込んでしまう。思考停止が伝播していくわけだ。

日本国民が「思考停止的にグローバリズムを妄信する輩」を、社会として否定することができなければ、将来のわが国が現在のイギリスのように、国民が分断され、国家としての統合が失われることは回避不可能だろう。

あとがき

イギリス国民投票の理由は（なぜか、日本ではあまり報道されていないのが）移民問題を中心とするグローバリズムへの反発だ。

イギリスは、リーマンショック以降、長期に渡り実質賃金が下落し、時給400円の最低賃金で働かざるを得ない「実習生」が100万人近くいるような状況に至った。結果的に、特に「ヒトの移動の自由」というグローバリズムが問題と化してしまったのである。長期失業者、あるいは所得が一向に上がらず、低賃金で働く労働者が増えていくと、ネイティブな国民と「外国移民」が敵対せざるを得なくなっていく。

実質賃金の長期低迷や雇用の不安定化といえば、日本の方が先輩だが、わが国の外国人労働者の割合は「まだ」極めて低い数値である（1％前後）。というわけで、イギリスと同じ問題は起きていないが、それでも公務員や土木・建設業、電力会社、農協などを「敵視」し、同じ国民同士で争わせるルサンチマン活用手法が大流行している。

わが国では、マスコミが特定の「誰か」を敵視し、それを徹底的に叩くことで、ルサンチマンが貯まった国民が喝采するという光景が何度も見られた。わが国が外国人労働者を多数、抱え込んでいた場合、間違いなく「ネイティブな日本国民　対　外国移民（及び移民に味方する国民）」の争いが発生し、国民が二分化されていったことだろう。

アメリカのような移民国家はともかく、日本や欧州諸国のような国民国家が「健全な国民国家」を維持するためには、以下の2つの条件を満たさなければならないのだ。

①長期デフレーションを防ぎ、健全な民主主義を維持する（ルサンチマン手法を否定する）
②特に「ヒトの移動」について、グローバリズムをコントロールする

朝日新聞はイギリスのEU離脱の是非を問う国民投票に関連し、6月17日に配信した記事「英議員銃撃、国民投票に影響か　EU離脱めぐり世論過熱」において、

『「主権を我が手に取り戻せ」という自国中心的な主張や、グローバル化の現状に批判的で内向きな志向を強めるという点は、米大統領選で排外的な言動を繰り出す共和党のトラ

ンプ氏の支持層と重なる。』

と、「主権を取り戻す」ことがまるで悪であるかのごとく書いていた。

これは実に奇妙な話で、何しろ「主権」とは「民主主義」そのものなのだ。民主主義により、有権者たる国民が自ら国の行く末を選択する権利こそが「主権」あるいは「国民主権」になる。

現在のイギリスは、EUに加盟しているため、移民政策について「主権」「民主主義」に基づき決定できない。だからこそ、離脱派が増えてきたのだ。

主権を否定する朝日新聞は、民主主義をも否定したことになるわけだが、記者は気が付いていているのだろうか。朝日新聞は、民主主義の敵となることを選択したのか。

現在の世界は92年以降にグローバリゼーションが進み、EUやユーロなどの国際協定で、各国国民の主権が制限される状況に至り、そのタイミングで各国がバブル崩壊。各国の国民経済がデフレ化し、国民の実質賃金が下落していった結果、上記の①も②も成立せず、国民国家そのものが揺らぎ始めているわけだ。

というわけで、わが国は「まだ」間に合う。日本国を「健全な国民国家」として維持するためにも、外国移民受入やTPPを否定しなければならない。

将来、われわれの子孫が分断され、6月23日の国民投票までのイギリスのごとく、国民同士がいがみ合い、怒鳴り合い、水をぶっかけ合い、「銃弾」に訴えるような事態になることを防ぐためにも、日本はデフレから脱却し、グローバリズムを制限する道を歩む必要があるのだ。

2016年7月

三橋 貴明

本書は『経済界』の連載「実践主義者の経済学」（２０１２年５月22日～２０１４年４月８日号）
及び「深読み経済ニュース解説」（２０１４年４月22日号～連載中）を改訂、再編集したものです。

三橋貴明(みつはし・たかあき)

経済評論家
1969年東京都生まれ。94年東京都立大学(現・首都大学東京)経済学部卒業。外資系IT企業、NEC、日本IBMなどを経て2008年に三橋貴明診断士事務所(現・経世論研究所)を設立。単行本執筆、テレビ・ラジオ番組への出演、講演などに活躍している。当人のブログ「新世紀のビッグブラザーへ」の推定ユーザー数は36万人に達する。著書に『全国民が豊かになる 最強の地方創生』(日本文芸社)、『第4次産業革命 日本が世界をリードする これから始まる仕事・社会・経済の大激変』(徳間書店)『プロのグラフ仕事 伝えるためのExcelエッセンス』(技術評論社)など多数。

経済界新書
053

あなたの常識を論破する経済学

2016年9月22日　初版第1刷発行

著者　三橋貴明
発行人 佐藤有美
編集人 安達智晃
発行所 株式会社経済界
〒107-0052 東京都港区赤坂1-9-13 三会堂ビル
出版局　出版編集部☎03-6441-3743
出版営業部☎03-6441-3744
振替　00130-8-160266
http://www.keizaikai.co.jp

装幀　岡 孝治
印刷　㈱光邦

ISBN978-4-7667-2063-1